走在地理教育探索的路上

杨士军 著

中国出版集团 东方出版中心

图书在版编目(CIP)数据

走在地理教育探索的路上/杨士军著. —上海：东方出版中心，2018.7
ISBN 978-7-5473-1291-9

Ⅰ. ①走…　Ⅱ. ①杨…　Ⅲ. ①中学地理课—教学研究　Ⅳ. ①G633.552

中国版本图书馆 CIP 数据核字(2018)第 093284 号

走在地理教育探索的路上

出版发行：东方出版中心
地　　址：上海市仙霞路 345 号
电　　话：(021)62417400
邮政编码：200336
经　　销：全国新华书店
印　　刷：江苏苏中印刷有限公司
开　　本：710×1000 毫米　1/16
字　　数：216 千字
印　　张：15.5
版　　次：2018 年 7 月第 1 版第 1 次印刷
ISBN 978-7-5473-1291-9
定　　价：58.00 元

东方出版中心邮购部　电话：(021)52069798

序

青春相伴乐作为

时下，全国范围内新一轮高考改革进展如火如荼，继上海、浙江率先试点成功以来，其他省市时间表相继排定、改革措施推陈出新，改革关注增强学生的选择性，关注高中和大学有效衔接与培养质量提升，以及聚焦学生综合素质发展、办人民满意的教育等方向，无疑是正确而有前瞻性的。当然，改革目标明确，实施起来的困难恐怕也会比想象的更多。如今，在各级教育行政部门联合支持下，改革的步子更坚定也更稳妥，而我们作为实践者走在这条路途上，也是信心满满。

教师当以帮助学生成长和看到学生的成就，作为对自己的回报。有人说，本轮改革，让地理、生物等小学科的地位陡升，相关学科教师地位也随之而升。我倒不这么认为，在近日一次讲座中，我也说过，作为来自上海名高中的一位地理教师，20 世纪 90 年代，地理学科虽然普遍不太受重视，但我们着眼于学生长远发展的有效实践，坚持把地理课堂拓展到校园、校外，甚至更远的地方，关注联系生活中的有用的地理知识等，拓宽了教学渠道和教学形式，在落实学生建立科学的人地关系意识方面，取得了不少有益的经验。自然，个人的努力，使得自己在课堂教学的思辨性、综合性、科学性等方面确立了位置，形成了特色，也在地理实践实验活动、研学行走、环境科学普及与指导学生地理研究性学习等方面，在全国同行中有了自己的一席之地。有作为才有地位，与是否为高考科目无关。教育的根本使命一以贯之，即“更好地促进人的发展”：尽可能地帮助学生个体的自由发展，尽可能推动更多人的共同发展。在与大家交流中，我一直这样说，其实，兼跨文理的地理学科，必能在学生成长途中显示和承担重要责任，地理教师可以有所作为，但前提是：尊重规律，把做对的事情做得更好。而教师内在自主的发展动力必会胜过外在的诸如培训等作用，教师的有效作为也应基于下面的几点：一是有教育理想，二是敢于作为，三是要对学生的健康成长负责。三者的交集，是地理教师或者说中学教师走向成功的必然要求和保障。我这么说，也是这么做的，所以，25 年过去了，每年都发现学生在成长的同时，自己的成长之路也是如此通畅和明晰。

每一位有追求的地理教师，都必然会被两样事物拨动心弦：头顶上灿烂的星空，内心中崇高的道德标准。2008 年以后，我逐渐从各种培训参与者，成长为各种培训活动的组织者或主持人，至今，就地理方面而言，已是三个基地和工作室的主持人。自然，承担角色的变化，让我更相信自己的担当——要让学员们得到成长的空间，于是"最好的关系，是彼此成就"、"大家好才是真的好"等成为基地的口头禅，而且，从学员们以及我们这个团队的成长经历可知，的确如此。为此我深感欣慰，大家的努力，成就了团队，使得我们这些地理教师至少对于"学科是否被重视取决于是否为高考科目"的理解与诸多人不同，而始终坚信"学生坚实成长的努力实践才是应有之选、应有之本"的理念。尤其在落实地理学科最基本的理念，如"学习生活中有用的地理"、"学习对终身发展有用的地理"、"强调探究性学习和创新能力的培养"、"突出现代信息技术在地理教学中的应用"、"突出环境保护与可持续发展"、"充分体现学科发展的时代性和新颖性"等方面，进行聚合、探索、实践。所以，一路走来，可谓精彩不断、惊喜不断！

近期有一则调查，说当代人平均每隔 4 分钟就要看一次手机，每天平均看 150 次。有三分之一的人声称，他们宁可无私生活，也不能无手机，如此，时间在手指尖很快地溜走。而我们对手机的上瘾症或强迫症，其实就是一种习惯。我们迫不及待地看微信、刷朋友圈，原本只打算看几分钟，一个小时后却发现自己的手指还在手机屏幕上滑动。关键是，此等方式把我们本该用来专注于某件更有意义工作的时间给碎片化了，着实可惜。美国作家多萝西娅·布兰德在《成为作家》一书中提到：我们每个人能够做的贡献只有一个——能够为人类普遍的经验之池注入我们从各自角度看世界所得到的点滴体会。所以，是时候上紧发条、聚精会神于作为教师的那些必要且更有意义的工作了。中学地理课程在实施国情国策教育，培育国家主权意识，促进地域文化认同，形成可持续发展观念，落实科学发展观以及树立正确的人口、资源、环境观等方面有着独特的、不可替代的作用。而这，离不开我们团队科学、积极、持续的实践。

在社会激荡、教育巨变的时代，文化振兴路漫漫，作为一名普通教师，内心也依然埋存着一份良知，不断提醒我尝试着去追寻育人的根本使命。本书所选，皆为本人在日常教育教学中的点滴收获和实践感悟，也有部分是为学员讲座和指导学生之心得体会，今天拿出来分享，并非一定称得上是上品，但期待能与同行交流切磋进而“教学共长”。也希望能借此机会得到大家的批评指正，以待完善。

是为序。

杨士军

2017 年 11 月 9 日

目　录

辑六　示范与辐射

附录　创新类指导

辑一

身边的榜样

不忘初心系教育

陈国新先生是我从教后的首位老师。他毕业后一直任教于复旦附中，1990 年退休。陈先生 1986 年被评为上海市特级教师，其事迹和教学思想入选柳斌主编的《中国著名特级教师教学思想录》。曾任上海地理学会地理教育委员会主任，地理教学研究会常务理事、副会长。陈老师长期耕耘于教育一线，善于学习并优化教育思想和教学方法，遂形成“教无定法，教学多术”的教育主张。他关注并整合地理必修课、选修课和课外活动，形成培育学生地理素养互为支撑的“地理三大板块融合”的教学风格，成效显著。他笔耕不辍，发表各类论文 50 多篇，主(参)编书籍 50 多本。个人曾获“全国环境保护先进个人”、“地球奖”等荣誉称号。

一、“三课融合”的教学思想，诙谐幽默的教学风格

可以说，陈先生先进的教学理念和独具魅力的教学风格历久弥新，至今仍可做广大教师学习的榜样。他主张“教无定法，教学多术”，在长期实践中，遂形成课内与课外、小课堂与大课堂、校内与校外、科研与教学、理论与实践相结合，力求教学形式多元化，乐教乐学的必修课、选修课和课外活动“地理三大板块融合”的教学新思想。

陈先生一直认为选修课、必修课和课外活动是相辅相成、互融共进的。他如此实践的主要目的是：使每个学生都能最大限度地运用自己的知识和智能学习，并能随时考查自己的知识吸收能力、适应能力和创

造能力，以发展个性、形成特色。他主张须以自愿原则参加活动，又要使每个学生都有获得培养的机会，所以，活动的组织就要体现多种形式和多层次适应个性的需求。例如，他在 20 世纪 80 年代就尝试开设海洋开发、天文、环境科学和 GIS 等选修课，以此保证学生选择所需；而他与同仁开设的天文、地质、气象、海洋、环保等社团类小组则可满足部分对此类领域有兴趣爱好的学生之需；对于个别对地理科学有强烈爱好的学生，他还会与他们讨论，形成可供学生独立研究的小课题。此三个层次又可分为提高型和个性型，可刺激并引导学生形成一种自学动机和求知的强烈欲望。总之，除基础课学习，在地理素养培养上，陈老师的立体化实践满足了不同层次学生之需。

记得刚入校时，我常去听陈老师的课，陈老师上课风趣幽默，课堂形式更是多样丰富。难怪学生说“听他的课是一种享受”。幽默需要即兴的灵感与发挥，而激活了的课堂，更是处处闪现幽默与创新的火花。如在课堂中引用上海知青杏宝刚在新疆阿拉山口气象站工作时，写的一首诗：“狂风梳头雪洗脸，笑饮冰水心里甜，自力更生样样有，万古荒滩变乐园。”阿拉山口是我国著名“风口”，俗有“一年一场风，从春吹到冬”。语言之风趣、手势之形象、板图技能之精湛都使陈先生的课堂满是魅力。陈先生在教学大纲以外，以多种形式和多层次的活动，启发学生的求知欲。他的第二课堂放手让学生充分发挥主观能动性去探索新知。例如，1980 年上海出现了凉夏，气象小组仔细观察各种物候现象，发现蝉比往年早结束鸣叫，校内的几株桂花，在 8 月中旬就开花了，比往年早一个月，以此说明夏季凉得早。天文小组于 1994 年 7 月 17—24 日期间，用望远镜观测了彗木碰撞的壮观景象后，开展研究讨论，大家就联想月球上的环形山、地球上的陨石坑、恐龙灭绝等等一系列的现象，有学生提出“有朝一日，地球也可能被撞，并带来巨大灾难，因此，人类应当防患于未然”。在陈先生指导下，1986 年复旦附中选派了 3 名天文兴趣小组的学生去海南三亚和广西北海观测哈雷彗星，拍摄了大量照片，留下了珍贵的地理研究资料。后来，这几位同学分别考入全国重点大学攻读天文物理专业。一次，美国航空航天局在中国中学中征集“零星搭机计划”，当时学校天文小组的一名学生，撰写了《太空辐射对药物的影响》一文，被主办方作为“后备方案”获选，实践证明他的论述是正确的，该生被邀请参观休斯敦航天中心，之后又被保送复旦大学物理系。陈先生也因此获得过诸如“航天科普优秀辅导员”等荣誉称号。

二、激活学生地理兴趣，培育学生创新素养

陈先生认为“成功的真正秘诀是兴趣，兴趣能提高感知觉的感受性，兴趣可以训练形象记忆的能力，兴趣可以激发想象力和思维能力”，基于此，他在备课中总是积极考虑如何创造激活学生兴趣的环境，培养并发展学生“潜伏的内动力”。教学注重举一反三，使学生在学习中触类旁通，形成合力，进而扩大视野，开拓知识面，进一步在产生兴趣的同时，巩固并提升兴趣，以至于形成志趣。

例如陈老师提问：黄河下游为何会形成“地上河”、“悬河”呢？学生踊跃发言，课堂活跃，营造了一种高潮思维的氛围。讲到我国季风气候特点时，就让学生联想“南涝北旱”、“北涝南旱”等现象的年际变化特性，从而激发学生的想象力、思维能力，提升学生理解、深度分析地理现象的能力。90 年代前后，陈老师开始学习并引入多媒体辅助教学，以期延伸人脑的逻辑思维功能，实现动静相兼、视听结合、协调统一的教学效果，充分调动学生各感官学习。地理教育信息化的引入，使得教学中可利用三维地理图像模拟教学，将抽象、微观、不可见和难以解释的内容形象化、直观化，提供的大量感性材料，使抽象枯燥的地理知识更易理解并能持续引起学习兴趣。

在陈老师看来，培养学生的地理兴趣只是第一步，并非目的。目的是通过培养兴趣来强化学生的能力，提升学生的地理素养。他不断学习，指出“既要开发学生的智力因素，又要积极调动非智力因素”。他发现：在中学地理教学中，智商因素和情商因素是两个协同的系统工程。认知系统：包括观察力、记忆力、思维能力、想象力和操作能力。地理教学中，此系列工程主要承担对各种地理知识加工、处理工作。例如，获得地理新知识、新信息等。因此，这一系列工程相当于执行者和操作者。维持系统：由兴趣、情感、意志、性格等维持系统工程。它们可以在

学生个体身上形成和表现为思想和学习态度。地理教育中，这一系列工程不直接介入学习，而是以动机作用为核心，调节着地理教学的认知和实践活动的进行。例如，始动、定向、维持、调节等功能。该系列工程对于学习地理认知承担的任务，相当于发起者和推动者。也就是说，陈老师比较早地意识到并身体力行地实践着教师“应甩掉单纯追求升学率的应试教育包袱，克服满堂灌、注入式的教学方式，绝对不做一个教书匠”。

在培育地理创新人才的教学过程中，他坚持“探索性、动态化、个性化、综合性、判断与推理的原则”。教学中激发学生的创新思维，坚持探索性原则（常运用布鲁纳的发现法导出疑问，使学生勇于探索未知），动态化原则（主动式、举一反三地寻求知识，使其在不停顿地思考与探索中猎取知识，激发求知欲），个性化原则（鼓励学生的创造性），综合性原则（使学生朝“通才”方向发展），判断与推理原则（对不同的教学内容，采取不同的推理培养学生的逻辑思维能力）。事实上，这些原则实施的关键在教师，他为此撰文《论师德的五大素质》，提出了在市场经济环境下，一名合格的教师应符合爱心耐心、敬业乐业、教书育人、博学多艺、师表楷模等具体要求。

三、学养深厚著书立说，甘为人师奉献不已

陈先生深入钻研古今教育学的理论和方法，博采众长。改革开放后，他更是不惜花费，购买并研读港台地区和日美苏等国家的地理教科书，还订阅了不少报刊资料，以便获取第一手的信息资源助力教学实践。为了教好课，他按照单元章节编制并整理“最新地理科技”剪报几十大本，写下了“地理资料文摘卡”一万多张，供教研组教学参考。为了教好课，他潜心研究教育学和心理学，通晓并掌握各种现代教学方法及其特点。在几十年如一日的教学实践中，他不断地思考总结、提炼升华，勤奋笔耕、著书立说，遂成为公认的地理教学名师。

陈先生与时俱进，主动学习新知识、新方法，关注学科新动向、新领域，他积极参与各种对外文化交流活动，多次参加各种学术研讨会，还

利用业余时间参加地理学会组织的一些公益活动。如1994年参加了在广州举行的由香港“地球之友”、广州环保局主办的环境教育研讨会。1995年12月出席了在香港大学举行的亚太环境教育研讨会,两篇论文入编论文集。陈先生乐于担任地理教育类书刊编委,如担任《中学地理教育丛书》编委,《中国自然资源科普丛书》编委、《地理教育》杂志社编委等。基于多年实践,陈老师出版有《地理教育文集》、《中国生态环境伦理学概论》等4部专著。主编《绘图地球辞典》、《海洋开发的今天和明天》等书籍50多本。发表过50多篇论文,其中《第二课堂相辅相成的地理教学新体系》、《信息化:发展现代化教育的新动力》等论文获全国优秀论文,《面临全球性的新挑战创立新的地球道德意识》被编入《中国人口资源与可持续发展战略研究》一书。

“但求人才脱颖出,不辞辛苦献一生”是陈先生的座右铭,他也是这么做的。他1953年走上讲台,在地理教师这一岗位奉献了37个春秋。更可贵的是陈先生退而不休,依然给附中学生开设“环境地理学概论”、“世界风情地理”等多门选修课,直到2009年。如今,他还在兑现着退休之初的诺言:坚持每年出地理类书一本,发表文章两篇。其不忘初心系教育,对地理教育和学生的赤诚情怀及积极作为,实乃吾辈学习之楷模!

四、坚持地理立德树人,培养环境保护意识

陈先生的教学所涉及的不止是地理知识、地理技能传授,更在于其学科的育人价值。他常呼吁:要对青年学生加强爱国主义教育,深入开展理想信念教育,引导学生树立正确的世界观、人生观、价值观、荣辱观及生态和谐观。

陈老师认为地理教学中尤其要开展好国情教育,它是国策中最主要的组成部分,教育内容也十分广泛丰富,这是区域地理和系统地理的特点与规律所决定的。总体而言,其教育内容可主要涵盖以下方面:“五爱”(爱家乡、爱祖国、爱人民、爱社会主义、爱中国共产党)教育是地理国情教育的基础,在教学的过程中注重培养学生的“三心”(自尊心、

责任心、自信心），激发学生为建设国家而献身的“五感”（自豪感、危机感、紧迫感、责任感、使命感）精神，正确树立科学的辩证的“五观”（人口观、资源观、环境观、民族观、海洋观），使学生理解和懂得社会主义建设中“三性”（艰巨性、复杂性、长期性）的重要意义，在地理教学中关注并加强防灾、抗灾、救灾意识教育。当然，教师在落实这些教育内容并积极影响孩子们行为的同时，也可因为这些领域的教育突破而提升自身的专业发展水准，所以，落实学科立德树人，对于教师、学生而言是共同提高的好平台。

陈先生的誓言是“生命不息，环境保护不止”，他言行一致。他早在20世纪七八十年代就意识到了中学环境教育的重要性。1982年，他率先成立了上海首个学生环保小组。环保小组进行过多项有意义的研究，如有一次，环保小组到宝山农田采集土壤样本，后进行分析并结合计算机系统，完成了《土壤中农药积累残留过程中的计算机模拟》小论文，为此，受到复旦大学教授的赞赏，认为这是一项新的探索，具有进一步研究的价值（现在看来，正是前瞻啊！）。受复旦附中环境教育推进的影响，上海市少科站还在1994年成立了“上海青少年环境爱好者协会”。开展环境教育之初，复旦附中开设的“环境科学基础”、“海洋开发的今天与明天”两门选修课，教材都是他自编的。经多年修改，1992年《环境科学基础》正式出版，并被纳入学校必修课，该教材还荣获当时国家教委、环保部环境类教材评审二等奖。在陈先生带领下，一批年轻教师脱颖而出、薪火传承，至今已先后编写出10本环境教材，如：《生命的摇篮——海洋》、《环境与发展》、《中国之肾——湿地》、《环保——生存之道》等。

在陈老师引领下，复旦附中在开展环境教育过程中，始终注重环境教育综合性、时代性、全员性、全球性的特点，采用灵活多样的整合方式，取得了好效果。同时也形成了特色：课堂环境教育与社会实践考察相结合；环境教育与学生社团活动相结合；环境教育与研究性学习相结合；环境教育与课题研究相结合。学校在1995年荣膺“全国环境教育先进集体”，此后又获得首批“上海市绿色学校”称号，2012年学校还荣获“全国环境教育示范学校”称号，至少6位老师先后获得市级以上环保领域的荣誉。

因为陈先生在环境教育上的贡献，他先后获评上海市与全国环境教育先进工作者。1996 年，上海市政府授予他“白玉兰”环境教育特别奖。1999 年 7 月 1 日荣获“地球奖”，他将两万元奖金全部捐献给环境保护基金会。为推动环境教育在中小学的开展，陈先生于 1997 年拿出省吃俭用积攒下的 4 万元，设立了面向全上海市的“陈国新环境教育奖学金”，用以奖励在学校环境教育中有突出贡献的师生。

陈国新先生为人师表、学养深厚，更是一位毕生都奉献基础教育的大师。他对地理学科育人的积极践行，对环境教育的主动引领，对地理教学的创新探索、思维广度、思想深度，退而不休的执着精神均让我们感佩。先生是我们不断学习的身边的榜样！

学 无 止 境

——读三位地理特级教师的新作有感

最近，陆续收到了三位知名地理特级教师的赠书，这让我觅得很好的学习机会。这些天，认真拜读赠书之后，不由得感慨万分，往事历历在目。三位亦师亦友同行的切实作为，让我感受到了榜样的无穷力量。事实上，三位老师的教育主张也在很大程度上教育和影响了我。

一、追求理论与实践的完美结合

《追求理论与实践的完美结合》，这是陈胜庆老师新著的书名。言为心声，兼有长期大学教育和中学教育经历的陈老师，行走于专业和管理两端，携理论与实践结合之优，一路如此走过，用行动和事实表明，他是一位成功者。

当年，我还在读大学时，就知陈老师在乡土地理领域的研究和实践方面卓有成就，一度在全国产生了重要影响，还出版过专著。我工作后，他已调任华师大二附中，业务与管理双肩挑，不仅在管理中践行理论与实践的结合，在地理教育方面，同样硕果累累。我注意到，他在学术研究方面成果颇丰，其研究工作最大特点是来自中学教育、服务于中学教育，堪称理论与实践结合之典范。在这本著作中，我感觉他的研究领域不仅涉及地理教育、学校管理层面，而且在课程开发、教材编写、科技创新、教师培训等崭新领域也有所探索，并具有了话语权。可见，陈老师的基础之实和功底之深。

当我请教他如鱼得水的作为和取得的成绩时，他淡然一笑，说这应归功于在华师大 7 年的潜心求学，以及包括褚绍唐教授在内的大家的指导、示范、榜样和浸润，当然也得益于他自己为人处事乐观的态度，无论在大学还是中学，他对于教育工作始终是乐在其中。他说，他很庆幸，华东师大这个宽阔美丽的校园，让他能在大学与中学之间游弋，使他看到了中学教师们丰富的教学实践和大学教授们深邃的理性思考。

华师大二附中何晓文校长对他的评价，可谓恰如其分：他是一位儒雅而大气的领导，有文人风、学者气；他勇于创新，并善于以学者的敏感，以及对大势的把握，投入到对学校和业务的思考与具体工作的推进中。

如今，我也有机会担任了学校管理的工作。陈老师每次见到我，总不忘提醒：教学和管理双肩挑不容易，但如果能做好自我设计与科学统筹，借助名校这个强有力的实践平台，你同样可以在自己成功的同时，引领学校发展，并让更多同事一起进步。

看得出，担任过华师大二附中副校长兼张江中学校长，同时兼有特级教师、教授头衔的陈老师，对我这个晚辈的殷殷之情和满怀期待。

二、让教学充满智慧

《让教学充满智慧》，这是天津地理特级教师杨玉东的新著，题目振聋发聩，读来充满哲理，感觉是在与智者面对面交流一般，使我有机会重新审视和理解教育，尤其是他的那句话："用爱心，携智慧，从教育。"

认识杨玉东先生，是在 2000 年。那时，我被推荐参加国家级骨干教师培训班，历时一年多。杨老师正是培训班上我最佩服的一位大哥。之所以说佩服，是因为与他交流总是在探讨学术问题，而且每次都感觉收获良多。渐渐地，你来我往，建立了非同一般的友谊。客观而言，我们平时谈地理教育不多，关注的好像都是如何办好教育的问题。他主张推进素质教育的理念，与我的观点不谋而合。为此，他不断地研究教育、教师和学生，期待更有效的教育。那时，他和我都是学校的科研骨干，科研意识比较强。在之后的多年交往中，我们通过相互联系，合作了不少项目，也取得过一些成绩。他调到天津工作后，继续他的研究，并开始关注思维教学，强调让教学充满智慧。他的书，我在字里行间读出了他的执着与积极作为。正如该书前言所述，“教育最重要的目标就是引导学生的思维，这也是教育最令人欢欣的核心目标”。思维是大自然赋予人类最宝贵的财富，所以，独立思考的意识应成为我们人类的第一意识。思维教学致力于知识向思维的转化，促进不同思维方式和方法的渗透与连接，从而更有效地点燃激情，提升自我。客观而言，我在叫好的同时，多了些许担忧。因为目前大家囿于应试教育，普遍看重分数，启迪学生的思维在不少课堂上成为摆设或标签，有效实践者寥寥无几。

我之所以支持杨老师的这个教育主张，一是在警醒自己勇于践行；二是呼吁大家努力参与，以期壮大我们教育理想的实践队伍，加强我们创建“思维型教学文化”切实作为的信心。一个人的力量有限，但只要多一个人加入，便多了一分成功的可能，谁敢说不是呢?

期待杨老师和我们都能像驾船出航的水手，瞄准目标，奋力前行，全速驶向成功的彼岸!

三、没有图像教学的课不能算是一堂好的地理课

“没有图像教学的课不能算是一堂好的地理课”，这是我读了郑伟大老师新作《道听“图”说——高中地理学科中的图像教学》后的体会。图像，是有形无声的语言。教育家乌申斯基如此评价：把图片带进教室就是哑巴也会说话了！地理作为一门特别的学科，图像堪称其第二语言。因为重要，故有“左图右书”之说。同时，它道明了图像对于教学的作用。地理图像，蕴含着丰富多元的知识信息和自然原理，的确是我们认识世界的工具。图像是地理学科有效教学不可缺少也是无法替代的工具。恰到好处地使用好图像，是提高课堂教学效率的关键之一。所以说，没有图像教学的地理课不能算是一堂好的地理课。

写到此处，我不由得想起了郑老师，他同样是我 2000 年参加国家级骨干教师培训时认识的。那时，他担任我们地理班支书，也是学员中的老大，而我则是年龄最小的。因为地域上我们还算彼此靠近，加上他

本人对我之前也有所了解，我们不久便成为好友。郑老师同时是一位校长，那时已是特级教师，在浙江教育界他是个有影响力的人物。通过交流，不难发现“郑老大”对于地理教育实效性的持续关注，当然也是基于他作为校长知道地理学科在学校教育中的地位。他认为课堂教学有效性是关键，而突破口就在图像教学上。据他说，为了让更多的教师参与其中，他率先成立了工作室，带领成员确定课题，开始了试点。由于找准了突破口和着眼点，不少教师因此尝到了甜头。于是，大家合力行动，从怎样使用好图像，更好地为地理教学服务，到不走寻常路，自我挑战，对地理图像进行科学分类，对地理图像教学功能进行开发整合，再到制定地理图像教学的基本策略等，他们都花了大量精力，并经过长达10年的实践，进行了多次论证和反复推敲，成效堪称显著。郑老师带领团队对实践经验进行总结提升，旨在让更多同仁学习参考。于是，有了这本不算厚但很有分量的专业“宝典”。

要说我喜欢这本书，不仅因为本人对于图像教学有着同样的态度与热情，更在于郑老师工作室的身体力行——通过对地理图像系统及其类型、地理图像的教学功能及其开发、地理图像教学的基本策略、地理图像教学的主要原则和基本方法、地理图像教学课例等五个方面进行阐述与研究，为更多的地理同行提供了一个借助图像学习地理的新视角。在图像的教与学中感受到地理知识的奇趣与美妙，从而实质性地助推地理教学，老师们教得更在理、自然，学生们也学得更有益、有效。

先哲云：“独学而无友则孤陋寡闻。”共同的教育情怀，得以让我高山流水遇知音。三位特级教师，一个在上海，一个在天津，一个在浙江。他们所处地域不同，却都执着于教育的理想，不断找寻问题、专注研究；他们临近退休或已退居二线，却未曾停下过教学改革和创新实践的脚步。他们不仅踩准了节拍，更热衷于行动。“三人行，必有我师焉！”三位兄长也是我的领路人，他们用思想点燃生命、用智慧照亮人生的高尚境界，他们踏实、低调和关注基础教育改革的实践引领示范，必将激励我在践行教育理想时轻装上阵，潜心研修，博学静思，披荆斩棘！

身边的榜样

——影响我的三位语文特级教师

复旦附中的确是个师生共同成长的好平台。天时地利人和，若加上自身的努力，所有的有利条件交集便会助你不断走向成功！本人的成长也不例外，虽为地理教师，但身边三位语文特级教师的榜样示范作用，可以说在很大程度上影响和激励着我不断探索前行。

一、张大文：100 斤退稿与 6 926 级台阶

前不久，斗胆呈拙作《旅途印迹》请教大文老师，不料张老师竟在短短一周内，认真阅读并作细致点评，还指出了书中 20 多个错别字，其严谨学问的劲头，实令我感佩，不禁想到要写写他。

今年 78 岁高龄的张大文老师已是鹤发苍苍，但他神采奕奕，声若洪钟，不时会听到他在各地偌大的教室里讲课，数百位学员聚精会神地聆听，鸦雀无声。而在课堂上，张老师总是情绪激昂、面红耳赤地说、教、争……还真有点“书生意气，挥斥方遒”之味，但我深知这是他最幸福的时刻。

张老师留给我的第一印象是他那仄仄的、耿耿的头颈，不多但切中要害的言语，他那闪烁着坚毅和睿智的目光，他专注于语文教学，心无旁骛！

曾听说，他“文革”初即被打成“反动学术权威”，不懂事的红卫兵批斗他，甚至施以拳脚，令其下跪，戴高帽，高喊“打倒张大文”，他誓死不

跪，誓死不喊，吃足了苦头……而第二天，趁着课间操时，他竟然一跃跳上领操台，激昂地演说：今天，我在中央人民广播电台联播节目里听到了人民日报社论《要文斗，不要武斗》，武斗只能触及皮肉，不能触及灵魂……他的神情、言辞一如当年闻一多的最后一次讲演！从此，再也无人敢惹他！

张老师是在20世纪90年代评上特级教师的，曾任全国中学教育专业委员会副理事长，华东师大、华中师大兼职教授。21世纪初，他退而不休，还在复旦附中上课。他几十年如一日孜孜不倦地钻研和探索，寻找语文教学的科学规律，并以文字归纳、总结、提升。那100斤退稿正是他的尝试和探索的一部分。而《中学语文教学体系创新》、《语感教学新论》、《文体沟通》等六七百万见诸报章杂志的作品则是他的丰硕成果，他的语文教学理论是有突破和创新的。他提出，语文教学就应研究：这样的语言文字表达了怎样的思想感情？这样的思想感情为何要用这样的语言文字，而不用那样的语言文字来表达？即“语言——思想——语言”。这在国内是率先总结提出的语文教学理念，在东南亚还被誉为“张氏教学律”。在此语文教学规律指导下，最有成效的是语感训练，使学生获得快速有效的语言感悟。

“张氏教学律”来之不易，正如他攀登泰山一般。张老师登泰山，与其说是去游览，不如说是考察，“一跨一级，逢十扳一指，逢百画一笔”，一丝不苟得出结论：登泰山至岱宗坊，连同去经石峪的石级，一共6 926级。从而对姚鼐在《登泰山记》里的说泰山石级“七千有余”的含糊结论，作出了明确说明。这是学者的较真，专家的坚韧！

张老师从教50多年，学习50多年，为搜集《鲁迅全集》，他利用寒暑假，淘旧书摊；他甚至冒着炎热，穿着“防蚊靴”，埋头抄写《鲁迅全集》中尚未收集到的作品；他为自己立下规矩：一个月读好一本书，并且写好笔记。50多年书教下来，对教材该是烂熟于心、得心应手了吧！但他却并不以为然，只要上课，就认认真真写新教案，他说，人一天天老去，教案却始终是一个个新生婴儿。正是在这不停顿的“否定之否定”中，他的教学水平在不间断地螺旋式地上升。

张老师是有坏脾气的，若见到学生不负责任、弄虚作假……有时会不顾脸面、甚至不讲方式地予以训斥，有时还会让人感到委屈。然而他还是把学生称同学，与同学交朋友。寒暑假他带领学生过语文生活，师生互相通信，寒假一封、暑假两封皆手写。这样的朋友数以百计，至今仍保持联系。

在张老师执教的1993、1996、1999年三届高考年级中，成绩连续取得全市第一。那时，其中一个委托班(高中录取分数低于正常录取分数线)的语文平均分，竟然超过一个正式班的平均分。学生走出考场竟肆无忌惮地高呼："张大文万岁！"而这些学生就有当年被他"骂"过的学生。大文老师知道后，十分淡然：这无非是我们对语文的理解符合了语文学习的规律，平时思考在点子上，而且化成了操作的能力。

写到此处，我突然明白了这两个数字的含义：这100斤退稿为大文老师创建宏伟的教学学说奠定了扎实基础，而泰山6 926级台阶就是大文老师教学之旅的坚实步履。

二、黄玉峰：教学生活得像个"人"

与玉峰兄相识是缘分，与玉峰兄相知是福分。相识相知，几度春秋。自1967年从教以来，黄玉峰始终耕耘在教学第一线。他一贯强调个性化教学，强调"爱的教育"；十分注重培养和保护学生独立的精神和自由的思想，把学会读书、学会作文、做"真的人"作为培养目标。

作为同事，我一直想写写黄玉峰，却不知从何写起。那天，读到《文汇报》上他的文章《一棵树》，倒觉得是找到了题材，一吐为快。黄老师在40多年的教学生涯中，自豪地称自己是一棵树，这位在特别的年代里曾经"低下过高贵的头，屈下过尊严的膝，弯下过男子汉的腰"的探索者认为他忠实地履行了"不跪着教书"的诺言。

20年前，刚入附中不久的我便能时常见到一位休息日还总在学校忙碌的老师，他就是黄玉峰。从同事的言谈中，我逐渐了解到一些他的情况，无数次的见面寒暄交流，又深知那是一位勤奋又富有思想和事业心的长者，他在中学语文教学中的实践，充满了人文情怀和道德理念，他的"大语文教学观"同样刺激了人们对基础语文教学状况的深刻反思。他一直认为语文不仅仅是工具，更是一种由内而外的素质素养，这种思想也在无数次的激情演讲中越来越为人所熟知和理解。

黄老师上课幽默，谈吐自如又不乏激情，在他看来，语文教师要有通古知今的本事，要能写擅画健谈，而他便是这样一位全才，无怪乎学生被他的课所感动、所折服、所倾倒，而他却不止让学生折服、感动和倾倒，他更愿意通过其煽情和执着，激发学生的语文意识，碰撞青年的思想火花，鼓励学生读书做人，做独立思考的大写之人。黄老师认为：思想是行为的先导，有什么样的教育思想，便产生什么样的教育。以分数为本，忽视对人的教育，培养的是一些人格不健全的高分低能儿，为社会发展要求所不容。在他的影响下，质疑成为学生发展的自我追求，做人成为学生迈向新高的内在需要。玉峰爱书，他的学生就是在这个“书为媒”的和谐环境中汲取着养分，成长成材。

有人认为：黄老师的语文课，是立体的，而非平面的；是开放的，而非封闭的；是多元的，而非单一的；是灵动的，而非呆滞的。学生享受着从未有过的心灵的快乐和思想的自由。在他的课上，大量的时间是阅读、诵读、练笔、活动，背诵名篇佳文，明显带有“前传统”语文教学的痕迹，他称之为返璞归真，并就背诵，阐述了他经过深思熟虑后得出的令人信服的独到见解。他在《还我琅琅书声》一文中说，几乎所有的人都不负责任地批评“死记硬背”，其实，人们所批评的“死记硬背”，就是“吟诵法”，就是“熟读成诵”。在这样的“课堂”上，师生“如切如磋，如琢如磨”，亦师亦友。

玉峰先生奉行了语文教改服务于学生成长发展的全程和终身，给学生以灵魂的滋养，突出体现了语文教育“人文关怀”的特质。

浏览他给学生开出的书目，细读班级刊物《读书做人》，学生展示的厚实的“精神的底气”和“文化的底气”，使我们欣喜地体味到语文教育是培养一个民族文化意识和文化精神的必要途径。

确实，玉峰所带班级学生的“人的精神的成长”显而易见。对此，北大钱理群教授在给玉峰的信中说：“读了《读书做人》上的文章，仿佛看见了那些开始学会用自己的眼睛来读书，看世界的年轻人，他们实在是太可爱了，他们身上的潜能实在是无穷无尽的。我从来以为，教育的根本目的是将人的潜在的想象力、创造力、美好的人性因子发掘出来，加以培育、升华。而你们正是成功地做到了这一点。”

读过黄老师文章的人，都有此种感觉：文如其人，无论学术论文还是生活漫笔不仅言之有物，更有一种手到擒来的自如和潇洒，文字激昂却又引经据典。可以说，我最初的写作冲动，多少受着他的影响，以至于文章的字里行间总流露着一些对教育的思考与忧虑。

黄老师不仅影响着我努力实践自己的人生目标，更在影响着语文教师们，他可谓“墙内开花墙外香”，校门口，经常看到他接待慕名而来的各地语文教师，观摩课和研讨活动对他来说是家常便饭，他总是凭借真诚与智慧，赢得同行的支持和信赖。不难想象，他的课一定不是那种预设好的，而是就地取材、功到自然成的那种，这符合他的个性和学术主张，否则就不是黄玉峰。当我有机会与外地学者交流时，很多老师会打听他，或说同感于其教育观，只是他们也承认自己的身份不易于引起争鸣，而黄玉峰敢说敢为，这出于他对语文教育的热爱和深沉的思考，是责任使然。如今，新课程改革中的语文教学似乎已有他倡导的那种味了，这一点应归功于他的坚韧。

林清玄说，所谓“成功”的人，就是今天比昨天更有智慧、更悲悯、更宽容，更懂得生活、关怀和真爱的人。脸上挂满笑容的黄玉峰便是这样一位成功者，一位大家。

三、黄荣华：情到深处是执着

某日，我在二楼教师阅览室看书，无意中翻阅《语文教学通讯》，在“开卷”栏目上有一篇文章《生命本来没有名字》，署名黄荣华，读来感觉真诚、质朴、诗意、有哲理，一如其为人。这使我对黄老师有了更多的了解和认识，对他达到的语文教育境界更佩服。

工作初，黄老师偏爱语法教学，之后转入“知识点教学”；但随着“语文性质观”讨论的深入，特别是在阅读了于漪老师关于语文性质阐释的系列文章和黄玉峰的教育教学改革事例后，他根据学生语文成长的内在需求，确定了语文课堂的落脚点——以语言文字为切入口，读懂文字背后的“生命意识”与“文化意义”,促进学生文化生命的发展。黄老师一次次勇敢而坚决地自我否定,不断调整和发展自己对语文教育的理解和实践,这背后是他对语文教学一贯的专情。他致力于探索语文的内核、语文的本质,为学生生命成长提供最需要的养料。为此,黄老师坚持在课堂开展“生命体验”和“文化贯通”教学的探索,引导学生在生命意识的体验和文化意义的融汇中走进语文的腹地。他认为:语文,理应拥有浓浓的人情与人性。

据我所知,新生入学,黄老师总要给他们布置“9 月×日这天”的作文题。“这天”非 9 月 1 日,非 9 月 10 日,也非中秋节,无标识性。学生拿着此题会感受到很强的冲击力:习惯的思路与想法在这个题目面前失效了。这需要学生从一个平常的日子中发现自己生命的印记,思考生命的意义。这其实也是提醒学生,进入高中后,许多东西需他们重新审视。黄老师用这样的题目,开启他学生高中生活的新篇章。

循着此思路,黄老师关注着学生发展,常把学生生命成长过程中遇到的一些关键点拎出来,设计成作文题,如此三年就构成了促进学生生命发展的独特的写作系列化过程。黄老师非常重视作文教学的这种“过程”,密切关注学生三年写作过程参与的热度、深度和完整度,以及由此表现出来的情感与思想高度。

黄老师发现,学生阅读时体味不到文章之美,写作时写不出性灵之作,主因之一就是其感受不到汉语背后深厚的文化。2001 年,他发表《全球化时代汉语诗性特征的价值想象》一文,指出“反省一百年的汉语教学,重新确立既符合本民族发展需要又有利于世界共享的汉语教学的文化体系,应当是目前语文教学改革的重要的议题之一”。

要有文化贯通,先要有文化积累。为强化学生的文化积累,从 2000 年始,他将《论语》与《古文观止》融合到课堂教学中。他认为中国人的文化生命形式主要是《论语》的文化生命形式,而《古文观止》的文化生命形式也基本上是《论语》的文化生命形式。光有中国文化积累还不够,黄老师认为,高中生对外国尤其是西方文化也要有所积累。东西交融,东西参照,东西互释,这是黄老师期待学生具有的“文化贯通”能力。他以《苏菲的世界》为切入口,以“人的发现”为线索,推荐学生阅读西方文学、文化读本。为此，他还积极推进“著名中学师生推荐书系”外国文化读本部分的编辑出版。

体验生命之“情”，融汇文化之“思”。他认为，“教育就是对生命进行文化约束的同时，唤醒、解放其生命力，故对生命具有约束与解放的双重意义，语文教育本质正在于此”。黄老师不愿迎合讨好学生的“需要”，他践行鲁迅先生“不能用秕谷饲养青年”的原则，不把对学生生命发展无意义的东西带入课堂。他说：“老师和学生在人格上是平等的，但在你所任学科的学识上是不平等的。”他以文化约束为基础，唤醒、解放学生的文化生命力和表现力。

这里我想强调的是，黄老师对语文教育的深情与深思，是“朴素实在地播洒在教学的全过程”中的。并非全部的学生都能在当时就明白黄老师的良苦用心，也有同行对其做法持怀疑态度。但他认准了，一如既往地坚持着。

行文至此，我又想，黄老师把杜甫的诗讲得那样具有生命力和文化性，对杜甫的诗歌创作可谓有着全面的了解与独到的认识。更重要的是，黄老师在生命体验与文化贯通中，真正触摸到了这个孤独而伟大的灵魂。

结束语

在一次聚会上，一位中学同学曾说道：成功离不开五个“人”——高人指点，贵人相助，家人支持，小人监督，个人努力。当时皆一笑而过，而今，我以为此言虽近于戏谑，却独特高妙、见地颇深。谁都期盼被成功的光环笼罩，谁都期望在迷茫时得到高人指点迷津，谁都期待在困境时得到贵人一臂之力。诚然，解决人的智慧和觉悟及方向等人生关键问题，是需要有高人指点的。而我以为，以上三位皆高人，在我成长途中，三位语文老师的示范力量也是对我这个地理教师的实际开悟。他们是我不断学习的榜样，“虽不能至，心向往之”！我今天写出来，也是希望对大家有所启迪。其实，路就在脚下！

创新教育路上的同行人

在指导学生研究性学习领域，我有两位交情甚笃之友，皆是上海年轻的生物特级教师，他们是博士或在读博士，都担任或担任过示范性高中副校长，有着长期义务指导学生研究性学习和探究活动的经历。应该说，在教育关注学生创新素养培育的今天，两位特级教师的有效作为，确实为基础教育带来了创新亮点，这里不妨一写。

张治：最年轻的生物特级教师，最执着的创新探索者

1997 年毕业于华东师大生物系的张治，现在业余攻读博士学位。从教期间，他钻研教学，聚焦创新，走不凡路，因绩效显著，2006 年被破格评为高级教师，2009 年获评上海市特级教师，后成为美国 East-West Center 访问学者。张治是全市生物教育教学领域和研究型课程教学领域的专家，目前兼任上海市第三期生物名师培养基地主持人，华东师大研究生院教育硕导、哈佛大学教育学院研究生院“为了理解的教育”特聘导师，为上海市动物学会、生物学教学专业委员会理事等，曾 8 次参加高考命题工作。

作为挚友，通过他的著作《课题研究在中学——从研究性学习到创新大赛的探索与实践》，我深知张治在专业教育方面的锐意有为，不仅取决于个人的努力，还同他与英特尔结缘密切相关，他总说：“钱学森之问是让中国教育界汗颜之问，而英特尔行动却给了我们极好的启示。”

1. 执教之初的华丽转身

人生的道路漫长，然而，关键的却往往只有几步，尤其是在年轻时。说起这句话，无人不晓，而张治则尤能体会这紧要关头的几步的意义。

张治于2000年9月有幸参加了第二批“英特尔未来教育”项目，他说，回望自己尚不算长的教学生涯，一路的快速成长与颇丰收获，皆源于此次培训的自觉推动。由此他完成了执教之初的华丽转身，新教师破茧成蝶，遂成长为屈指可数的学科专家。那时，张治工作才三年，大学教育传授给他学科专业知识和传统的教学方法，而教育理念与教育发展的深层问题却尚未涉及；此时，“英特尔未来教育”培训在探索人才培养路径方面扮演了领航者角色，以一种让张治印象深刻的方式，帮助他建立起全新的教与学模式及教育理念。

那次未来教育培训，令张治终生难忘，“因为它与传统培训方式截然不同”。英特尔没有采取“讲课＋记笔记”方式开展培训，而是通过“参与、讨论、体验、实践”方式，让教师置身其中，全方位体会、吸收培训内容，很自然地将培训内容变成生活习惯和工作方式的一部分。他认为，创新的本质是独立个性的培育，正是短短数日的培训，使他重构起了教育理想、教育理念，更新了教学方法，更让他把目光聚焦于教育技术信息化与自己学科整合的方向，开始“宁静、认真地做好该做的事”。2001年，张治作为全市“英特尔未来教育”项目优秀学员代表，参加了全国代表交流会，作了题为《一次全新概念的教师培训》的发言，后得以发表。

此后，上海基础教育开始大力推进创新教育，试图为努力培养一大批拔尖创新人才奠定基础。正因为那次培训，张治得以在教学之初，“没有被外在的、功利性的势力所左右”，对未来创新教育有较为深刻的思考，并自觉将着眼于未来的创新教育的理念与方法运用于实践之中，而日积月累的实践也不断确证了最初认定的方向。正确的方向和点滴的积累，使得涓涓细流汇成江海，张治的教学和研究实现了跨越式发展，遂成为上海市最年轻的特级教师。

2. “钱学森之问”的行动回应

张治在梦想之路上继续前行，他对于教育创新有着极强的洞察力和预见性。人生如蜕，一切由自己把握。但对于张治，英特尔在其成长中无疑充当了他美丽梦想的编织者。教学之余，张治常想，英特尔作为非教育主业的公司，却如此持久地在做着众多教育领域的事情——传播先进的教育方法，广施前瞻的教育理念，不厌其烦地坚持做“分外之事”，这让人感动也让人疑惑：是何信念，在支撑他们如此坚定前行呢？“钱学森之问”与英特尔矢志教育的作为看似两个不同角度的疑点，却终交汇于一处，并迸发出火花。

在张治看来，英特尔众多的教育项目，如“隐形课堂”，吸引无数师生参与其中，在社会上产生广泛影响。参加课程的人，无论以何方式，都获得了科学的学习方法，提高了自身的认知水平，甚至改变了思维方式与生活方式。他自觉浸润其中，“不求全解，但求获得灵感”，尤其关注项目所蕴含的思考轨迹和思维方式。

包括英特尔的员工，也同样有许多人以志愿者的形式，参与到培训中来。他们利用休息日，深入学校社区培养学生的专业知识、商业思维方式及积极向上的价值观。他们不问收益，但求分享的精神令人感动。这些员工中的大多数并非教育上的专业人才，然而对教育极其关注，见地也非常深刻，他们已成为教育创新无形但深远的推动力。感慨于英特尔对教育创新与人才培养的执着追求与深刻理解，张治老师对通过教与学改革，推动人才培养的领悟也一直在深化。他认为，教育不能急功近利，大师更不能一蹴而就，只要按照此理念踏实践行，坚持不懈，定会找到钱先生之问的答案。他觉得，绝大多数杰出的创新人才 20 岁出头就已崭露头角，因此，在中学阶段发现和培养科学创新的苗子尤为重要。于是，他结合自己的兴趣爱好及培训所得，结合学校发展实际，积极探索与开展学生的研究性学习和课题探究活动，功夫不负有心人，他的尝试不仅符合教育改革实际，更是踩准了创新教育的节拍，自然硕果累累。比如，他曾指导学生开展项目研究获包括“英特尔国际科学与工程大奖赛”(ISEF)在内的国际奖 11 项，上海市级以上等第奖 70 余项等，已连续 4 届担任全国青少年科技创新大赛英才奖评委。代表著作有《生命科学探究技能拓展》等，并获发明专利 2 项，实用新型专利 30 余项，主持开发了研究型课程教育专家系统软件一套，在全市乃至全国创新教育界具一定影响力。

受张治潜移默化影响的女儿，也走上了探究之路。给我印象深刻的是，预备年级时，她买来了蚂蚁工坊，通过几个月不间断的实验观察积累了第一手素材，最后完成了《蚂蚁的葬礼——日本弓背蚁处理尸体方式的探索》小项目的探究。而今，她已经进入复旦附中学习，也不忘积极开展创新项目研究。张治认为，女儿在学习过程中，主动寻找并发现可以用科学方法来研究的小问题，像科学家一样把真实情境中的问题作为一个项目进行探究，这样的经历能让孩子更好地理解和应用所习科学知识、掌握科学研究方法，更为深入地理解科学技术的本质。

如今，顺利实现跨越的张治仍耕耘于教育一线，任市电教馆领导。一路走来，伴随着实践经验的丰富与思考的日益成熟，他更为坚定地贯彻着面向未来培育创新人才的教育理念。我坚信，秉持此理念，张治将在用实际行动回答“钱学森之问”的道路上，愈走愈坚定，他的人生之路，定会越行越宽广。

娄维义：从科创金牌教练到创新大赛评委

娄维义2011年获评上海市特级教师。他执教华师大二附中生命科学课程，任英特尔国际科学与工程大奖赛（ISEF）指导教师，曾任2004届全国理科班班主任、首届科技创新班班主任。现任华东师大二附中科技首席教师、副校长、上海市动物学会理事、华东师大专业学位硕导。多年来聚焦中学生课题研究指导，曾指导5名学生在ISEF中获奖，2名学生获小行星命名。个人获中国科协“全国十佳优秀科技教师”、“全国优秀科技工作者”称号，获斯坦福大学工学院“特曼奖”等荣誉。主持过市级科研课题，代表作有《基于问题研究的创新教育》等。

1. 学习与培训乃走向成功的捷径

娄维义攻读生物学硕士、博士期间，深刻感知到自身研究能力、创新思维、发散思维等能力的提升单纯通过说教是无法完成的，只能在亲身实践中去感受、体悟。所以，娄老师在生物教学中认为培养学生的创新精神，必须让学生有这样的机会、有这样的平台尝试着去创新，他认为，课堂上研究是一种模拟研究，而他所追寻的是让学生在生活中寻找和发现真正的问题，这是上位的，这样才能培养学生的问题意识，而不仅仅是解决问题。

教学之余，娄老师参加过不少教师培训，包括赴洛克菲勒大学进行为期两个月的科研培训，对于那次培训他印象深刻，感悟颇深。洛克菲勒大学是专门从事生物医学研究的研究型大学，至今已涌现23名诺奖获得者，他有幸带学生参加了在该校举行的中学生培训项目，该项目在美已走过20多个年头，且已形成了一套对优秀学生创新教育的示范模式。那年，他和学生浸润于一流大学实验室里，与教授共同研究，感受着研究过程、创新文化和科学伦理。在浓厚的科研氛围中，他和同学好奇心得到满足，不仅学会了科研一般流程，还产生了浓厚的科研兴趣，此等经历甚至影响着他们的生涯规划。培训深深影响了娄老师教学特色的发展，不断深化着其对生物教学的理解及实践。

2. 让教学富含创新元素

我至今还记忆犹新的是，在2010年世博会期间，娄维义自告奋勇，与不同专业的教师，包括全国教书育人楷模于漪、上海师大教授舒运国等，亲临世博场馆讲授精彩的“世博一课”。

在我看来，娄维义老师生物教学的最大特点和亮点在于“善于寻找并提供资源以帮助学生体验科学家的学习方式”，即“让学生在问题研究中学习研究，在尝试创新中学习创新”。他认为，教育不只是一种建构，而且是一种生成，教师要努力为学生创设特殊的环境，让学生在真实且具有要素意义的“文化场境”中，在“境遇”之中体验、领悟，从而形成有效的自我超越。为此，他提出了“基于问题研究的创新教育模式”。经多年探索，娄维义将生物课堂教学分为三步：提出问题、研究问题和引出新问题。整个过程以问题研究为主线，而非单纯得出结论，目的在于培养学生的创新意识。第一步所提出的问题的特点在于：相对开放、接近现实生活、思维跨度较小，能够让学生在已有生活经验世界里产生共鸣，激发学生的探究欲望。第二步是师生共同进行问题研究，此过程表现为学生在老师的鼓励下大胆提出假设，通过推理或实验设置来进行科学论证。问题的研究通常在理论的逻辑推导上、材料的选择上、研究方法上、实验设置的细节上使思维发生碰撞，在碰撞中产生灵感，达成有效解决问题的方法和途径。在以问题研究为核心的课堂教学中学生要参与研究共同思考，教师成为学习活动的促进者，作用在于引导、协调、鼓励和反馈、支持小组的互动。第三步是启发学生引发新问题。

娄维义深知科学研究的重要性，为此，坚持在教学中渗透研究性学习，以心智启发心智，以平台拓展平台，以兴趣激发兴趣，鼓励学生进行一定的项目或课题探究活动，他认为这是生物学科之生命所在。为此，他乐此不疲，经过实践，他最终将学生的课题研究分为三步：选题立题、实施课题、交流课题。强调学生在生活中自主选题，学生自主设计方案并进行验证、自主撰写论文，教师作用在于启发、引导、鼓励，教师在指导中与学生共同成长。近十年，他先后指导的学生课题超过 50 项，分属于动物学、环境科学、植物化学等领域，多来自日常生活中的问题。通过小课题研究培养学生的问题意识，在研究中培养学生的创新意识，在对话中培养学生的交流表达能力。

娄维义认为：这个世界唯一不变的就是“变”，所以创新是一个永恒的主题，创新人才的培育无疑也是一个永恒的主题，然而，创新人才培养模式却无法成为永恒，它“没有最好，只有更好”，而他长期实践并推崇的这种融入式的创新教育方式，把立德树人的理念融入课堂教学、课题研究和科技活动的教育过程中，如此“使学生获得的不仅是知识，更是智慧、德行和素养”。

3. 成功源于学校管理制度的助推

“天赋万物，各有其才”，娄老师也认为，创新教育要通过教育创新来实现，而教育创新和教师的成长同样需要土壤和环境。在他看来，华师大二附中是教师成长的沃土，在长期发展过程中，制定了诸多有助于教师专业发展的制度。娄老师认为合理适切的制度对教师的成长和发展具有重要意义。比如，华师大二附中制定的“首席教师”的制度极大地促进了教师的主动性和积极性，因为这种制度是打破单一行政领导权威进而树立“学术第一，研究第一”发展理念的保障。为更好地促进特色教师、研究型教师的成长，学校支持并组建学习研究共同体，在共同体中，教师针对在指导学生做研究中出现的一些共性问题畅所欲言、分享智慧、共同进步。同时，学校不断完善特色教师评价制度，改变以往将学生成绩作为评价教师业绩主要指标的做法，构建新型教师评价制度，将学生的研究成果、获奖情况也纳入到教师评价体系中。这种评价制度使得教师能将更多的精力投入到促进学生创造能力、研究能力发展的工作中，而学生创造能力、实践能力、探究能力的培养恰是未来教育教学的方向。

当今社会，教育创新和创新教育同样大有可为、大有作为，但基础教育的持续发展、学生综合素质评价的推进，都需要我们不断主动地思考教育本身的内涵，而广大教师责任重大。为此，我们需要从能够改变之处做起，从时代对于未来创新社会、卓越人才的新要求出发，将国家课程、地方课程与学校课程进行统整，通过推进有效课程、有效课堂和有效作业的建设，努力给学生更宽广的教育，进而夯实学生整体素质和持续发展的基础（比如：人文素养、科学精神、追求卓越、自主学习、探究品质、国际视野、现代意识……）。教师更要身体力行，以人格魅力激活学生的心灵，以学术造诣开启学生的智慧之门。

辑二

个人的成长

理解教育，做积极的实践者

我的教育主张

座右铭：发散使人聪明，集中使人成功。

行为处世：为人要谦虚，做事当执着，做有准备之人。

教学风格：构建“思维的课堂”，努力探索有效教学的途径，注重教学实效，“幽默地”教“联系生活的地理”。

教育主张：给学生更宽广的教育；让附中学子拥有活力、迈向卓越。

工作至今，我一直任教于复旦附中，重师德修养，兢兢业业于课堂教学，孜孜求索教育科研。个人认为：教育就是要满足学生素质发展的需要，着眼促进学生的可持续成长。鉴于这种理解，我努力进行着“给学生更宽广的教育”的实践。

一、注重培训学习，讲求与时俱进

我努力将自己置身于一个学习状态下工作、工作状态下学习的环境中：工作不久，便先后参加了上海市青年地理骨干教师培训、上海师大德育管理研究生课程班、上海市中学教育科研骨干等培训；2000—2001 年被推荐参加首批中学骨干教师（地理）国家级培训；2004—2006 年参加中国科协“创新人才培养项目实验学校首轮教师培训”；2005 年 3 月，成为上海市普教系统首批“两名”培养对象；2010 年考取复旦大学环境科学与工程系博士；2011 年入选上海市教委首批“影子教师”项目并赴美国洛杉矶学习。期间，还曾数度赴美国、瑞典、韩国、新加坡等国家学习交流。我乐此不疲，与时俱进，因为工作学习化使我感悟到生命的意义，学习工作化促进了我的专业发展。

在日常地理教学和指导学生开展创新活动中，我为人师表，立德树人，引导学生认可和主动选择积极向上的社会价值观：课堂上，我用自己的言传身教影响和感染学生读书做人；凡有我指导学生获奖，我就嘱咐他们以平常心看待成绩；学生引证他人研究成果时，我就提醒他们"凡引文必有出处"，尊重知识产权；对于成绩优异的学生，我还建议他们主动帮助学习有困难的同学，在付出与给予中收获助人之乐。我乐于为学生答疑解惑，还积极参与公益辅导，希望自己敬业的行为和对地理学科的钟爱，能够转化为对学生学习地理的激励，增强他们的学习动力；我创建并指导校环境爱好者协会，协会曾多次获评"市优秀学生志愿者服务队(优秀环境分会)"等。我在指导学生创新活动中的成长事例入编中国科协出版的《在项目研究中和学生一起成长——十位教师及其学生的成长日记》一书。

2014 年 1 月 31 日是农历马年初一，照例收到了包括学生在内的许多新春问候，其中一位多年前毕业的学生家长短信，让我再次感到了为人师表的魅力。这位家长提到："……昨晚儿子提到您时，深情落泪，说在他人生最灰暗低谷的日子里，您是唯一给予他鼓励、勇气、希望并鼎力相助的人。没有您的鼓励，他不会有勇气考入诺丁汉大学再读四年书……"对此，我也深感欣慰与愉悦。

二、砥砺教学功底，聚焦教学实效

从教以来，我秉持"施教之功，贵在诱导，妙在转化，重在开窍"的教学理念，教学着眼学生长远发展，探索有效教学路径，我倡导构建"思维的课堂"，重视启发式和讨论式教学，积极引导学生大量阅读背景性素材，在讨论、归纳、分析和整理的过程中理解地理学科的本质内涵。我十分关注常态课的质效，也曾开设过市区校公开课、研讨课、示范课等达 30 余次，无论是对"现代科技能否阻滞地球日益暖化"的追问，还是

“局部范围内闭合等高线的判别并作地形剖面图”的探究等，“在授课中关注对细节的应变处理，尊重学生主体性”的教学风格可谓体现得淋漓尽致。学生、同行对本人评价最多的是“贴近学生生活，信息量大，上课幽默，启发式教学能力强”。我也注意现代技术与地理课程的有效整合，《上海乡土地理》、《环境问题与可持续发展》、《中国区域地理》等课件成为远程教学资源。我也曾在各地诸校讲学数十次，在市区教学研讨和地理专题论坛等活动中获得好评。《上海中学生报》还曾载文介绍我“幽默的地理教学观”和生动活泼的教学风格。

课改实践中，我努力将活动引入地理教学。早在 1998 年，我就组织中学地理、环保综合实践野外基地（浙江安吉）的筹建，探索地理野外实践教学模式；在教学中，我适当加大地理实验和实践活动的比例，如让学生采集、制作岩石标本，讨论地形剖面图的绘制，参与黄浦江全流域综合考察，城市商业网点调查，策划和组织专题地理研究等，引导学生直接参与解决问题的实践，培养学生的创新素养。《上海师范大学学报》曾在《遍铺创新路，精育英才苗》一文中介绍过我在指导学生开展地理实践活动中的具体做法。

我将一切可用来学习环境和地理知识的资源都纳入课程体系，先后开设过“环境与发展”、“中国旅游地理”、“环保——生存之道”等拓展型课程，认真指导学生进行地理和环境探究活动，我对指导的每个项目均倾注了大量心血，字斟句酌，做好表率。当时在美国交流的沈同学的项目获得州科学博览会二等奖后，她曾发邮件给学校，其中写道：“在此万分感谢杨士军老师，我在结稿前将论文第三稿传给杨老师，他竟然连夜看完 20 余页的英文稿件，并提出了许多中肯切实、一针见血的意见，正是这些意见使得论文的终稿有了质量上的飞跃。”在与部分教师、专家的合作中，在学生共同努力下，也取得了良好成效，近年，先后有 3 人次在国际大赛获奖（ISEF 大赛、I-SWEEEP 和美国中学生科技创新大赛），有 30 多个项目在全国、上海市青少年科技创新大赛上获奖，数人获“明日科技之星”、“明天小小科学家”、“小院士”等称号，还指导学生发表过数篇学术论文。为此，本人还获得过不少诸如“优秀科技辅导员（指导教师）”等荣誉。这些让我感受到了与学生一起在研究中成长的快乐，更深切地领悟了教学相长之道。教，然后知不足，为进一步提高自我，更适应培养学生创新素养和综合能力的需要，我还在业余时间攻读并取得了环境科学的博士学位。

多年来，我认真研究并忠实依据地理课程标准，对必修课教材进行个性化的研读和创造性的“二次开发”，编写出版了多本学生自学用书、校本教材、选修课程或研究型课程的教材。例如，1999 年主编的《环境与发展》在 2003 年 9 月后成为全市中学拓展型教材，至今销量已经突破十万册；2001 年主编出版面向高三文科考生的教学参考用书《文科综合》；2001 年 9 月，参与编写了全市高中研究性学习的读本《高中综合学习与实践》；2005 年开始，组织部分骨干教师编写《研究型高中地理教材》；2008 年，参与了“市教研室”组织的高中环境教育拓展性教材《绿色探索者》的编写；1996 年起，我自编教材《高中地理助学指引》为港台班授课，该教材沿用多年，港台班地理高考年年取得佳绩，2010 年复旦大学出版社正式出版了该讲义。这些体现便学利教理念的教材讲义不仅丰富了学校课程体系，且对全市高中地理学科和环境教育的改革起到了先行试验的积极作用。《中国环境报》记者曾以“复旦大学附中 20 年推出 12 本环境教材”为题，报道了学校及本人开发环境教育教材的成功做法与体会。

三、自觉教学反思，潜心教育研究

“教而不研则浅”，我比较注重自己的教学反思和专业发展，潜心教育研究，力争使自己成为研究型和学者型教师。多年来，我坚持用“研究真问题，使用真方法，阐释真观点，显示真成果”的求真务实精神开展教育科研。步入新世纪，我主持或主要参与课题超过 15 项(主持的科研项目不少于 8 项)，这些课题的视角基本集中在五个“关注”上：关注地理学科的课程体系建设；关注地理知识的基础性和过程性的再现；关注学生学习方式的转变；关注学生对学习地理的情感体验；关注学生和学校的创新实践及与大学文化的有效衔接。由于研究角度切中了地理教改和基础教育的核心问题，且研究具一定新意和深度，取得了良好成效：如《高中地理研究型教材的开发与编制》获上海市教科院普教所科研成果二等奖(2007 年),课题《深化课程改革培养高素质创新型高中生的实践研究》(项目第二负责人)、《高中地理实践和实验活动的创新设计研究》分获区科研成果一、二等奖(2008 年),《高中地理案例教学的实践和应用研究》获区教科研成果二等奖(2011 年),《复旦附中学生创新素养培育实验研究》及《漫游星空——学校有效推进通识教育的实践研究》均获区教科研成果一等奖(2014 年)。其中区重点课题《高中地理活动创新设计》,近 20 个项目在《中学地理教学参考》等核心刊物发表,研究成果《高中地理活动创新设计》由复旦大学出版社出版。近年主持的市级课题有《高校自主招生改革理念下的高中教育转型研究》、《初中数字阅读的有效实现途径的研究》。

“一花独放不是春,万紫千红春满园。”作为特级教师、区拔尖人才,我以项目研究带动教研组建设,以教研活动促进课堂教学,积极组织组内教师编写校本教材,共同研讨以学定教、聚焦课堂问题。学科组活动有效地促进了同行间的同伴互助、实践反思和行为跟进。

我先后主编了《高中地理活动创新设计》、《环保——生存之道》、《探究性学习教学示例:地理》、《听大师讲课》、《中学生科技创新学术论文指导——春在枝头已十分》、《高中生科学研究入门》等书籍 30 本,并在《中学地理教学参考》、《地理教学》、《地理教育》、《上海环境科学》、《环境教育》等发表论文百篇。近年来,多次受邀参加复旦大学自主招生命题,受聘为全国青少年创新大赛(实践活动)专家评委;参加了上海地理课程标准及地理教材的审读与修订,还先后受聘担任复旦大学高等教育研究所兼职硕士生导师、安徽师范大学国土资源和旅游学院的地理教育硕士生导师和上海大学环境与化学学院兼职硕导等;目前为(上海)“中学地理高评委”和中学地理学科德育实训基地的主持人。

学校博学、严谨、务实、创新的环境,为我的专业成长提供了良好机会,个人发展潜力得以提升,积累并具备了一定的实力,在地理教学和中学教育领域也有了一定影响力。我将继续本着“在高处立,着平处坐,向阔处行”的原则,在基础教育尤其是地理教育教学岗位上坚持自己的社会理想和文化追求,开拓创新,努力作为,争取收获更精彩、更丰硕的成果。

道路越走越宽广

——在2011年第27个教师节庆祝大会上的发言

各位同学、各位同事：

大家好！

很高兴今天能在这里和大家一起欢度教师节。最近半年，因上级组织部门安排我到控江中学挂职，我与大家交流和见面的时间不多，但我的成长仍受到大家的关注和提携，借此机会表达我的感谢。

今年是我大学毕业到复旦附中任教的第20年，能在20年中见证复旦附中一路的发展与辉煌，并作为一名直接的参与者，甚幸。同时，我更是学校事业发展的受益者，长期以来，在附中德艺双馨前辈们的影响下、帮助下，在自己“做一个有准备的人”理念的引领下，我踏实作为、锐意进取、注重效率，也在专业发展领域取得了些许成绩，因为我是附中人，因为我得到了诸位同仁的关心，才有了今日的成长与收获，我深表谢意。

记得刚到附中时，我也曾困惑过。那时，导师陈国新及时了解了我的心事，他结合自己的成长经历，语重心长地说：“路是靠自己走直的，而非等直的。要想取得成功，必须靠自己付出比别人更多的时间和努力。”他的话我记住了。可贵的是，陈老师退休至今，一直对自己在专业方面有高要求，他坚持开选修课、每年至少发表两篇文章、编写一本校本教材（或出版书籍），老先生的作为意识是我的榜样。

附中还有更多的特级教师在默默无闻地奉献，你们同样是我的榜样。一个专家可以引领一群人发展，只有大家发展了，自己的发展才更有价值。我想，我们就应该这样想、这样做。

理想的社会，应该是国家有目标、社会有共识、个人有希望。这话用在学校也适用。去年底，华东师大的葛大汇教授曾中肯地告诉我并让我有机会转达给郑校长：我认为复旦附中不能把自己定位于沪上与人家没有区别的一般高中，大学附中应该是中等教育的旗帜，要坚定地朝这个方向去做——有不少大学教授来校执教，高中的老师则有不少去大学任教。葛教授的话在我看来是对附中的期待，是对附中教育资源的肯定和期望。我认为当前，我们需要努力朝四个方面去做：一、把学生引进某个领域；二、使学生成为爱书者；三、带学生亲近自然和社会；四、让学生更多地对话名人。

"学习不能速成，教育也未必能跨越式发展。"一所学校办学质量的好坏，不能光看短期，而是看十年、三十年后，毕业了，工作了，学生在聚会时评价："附中使我的人生发生了转变，从此我不断走向成功、迈向卓越……"这才是对我们最好的褒奖。而一位老师的优秀有赖其着眼学生素质提升的"奔腾的芯"——认真、乐观、幽默、人性、真知灼见，是让学生难以忘怀的根本。

现实中，想做大事的人很多，但欲把小事做细的人不多。教育要我们尽力把事做细。学高为师，身正为范，这是对教师最高的期望；一名真正的教师，就是一座标杆，一盏明灯，可以超越，但不能倒下，可以熄灭，但不能消失。这是我的目标，永远的追求。愿诸君拥有自由的心智，追求智慧的教育艺术，在课程改革实践中尊重同事，潜心钻研，彼此学习，互勉共进。

月近中秋，旦华楼里，风景这边独好！真诚地祝大家工作学习进步，身心健康，家庭和谐，祝我们热爱的复旦附中及师生事业发展的道路越走越宽广！

谢谢大家！

2011 年 9 月 10 日

环境教育　促我发展

——兼谈学校环保系列教材的编写思想

年前，杨浦区教育学院在各校原有校本课程建设的基础上，整合区域性课程资源，形成了一批区本拓展型课程，复旦附中的《环保——生存之道》名列其中。值得一提的是，在过去20年里，我校的环保课程先后诞生了10余本教材，这从一个角度反映出复旦附中坚持推进素质教育的理念和实在行动。

20世纪80年代中期，在陈国新老师的带领下，地理、生物、化学、政治诸学科老师成立了校环境教育备课组，编制了环境教育大纲，率先在高中开设环境保护课程，课程主要任务是“普及环境教育，给学生传授有关环境科学基础知识和基本技能”，这在当时吸引了众多学生的参与，也激发了他们的环保热情。1992年，在复旦大学出版社的支持下，陈老师主编的《环境科学基础》正式出版，标志着附中环境保护系列教材的开端。之后多年，在大家的共同努力下，有关宣传环境保护、环境科学知识和技能为主的教材相继诞生，如1993年正式出版了《海洋开发的今天和明天》，1994年出版了《生命的摇篮——海洋》，还有非正式出版的《中国之肾——湿地》、《中国生态环境伦理学概论》、《生态环境地理学概论》等，不仅在复旦附中作为必选、选学等教材，还被兄弟学校选用。也因为我校在环境科普教育方面的示范辐射，学校在1995年荣膺“全国环境教育先进集体”，此后又获得首批“上海市绿色学校”称号，有6位老师先后获得市级以上环保领域的荣誉。

学校环境教育得以深入，还在于一批青年教师的耳濡目染，并在榜样的激励下传承、成长。1999 年,我主编的《环境与发展》由上海科学技术出版社出版,该书是在可持续发展观不断被认同、学校坚持环保与可持续发展协调教育思想下的实践产物,在被我校作为选修教材使用中,时有外校同行来附中交流,基于此背景,《环境与发展》这本用专题十八讲来“普及环境科学与可持续发展理念,以此发展学生心智、展示才华、满足需要”的教材,开始被诸多学校接受,自 2003 年 9 月始,该教材被认定作为全市中学拓展型教材,外省市近 20 所学校也有使用,至今,该书已连续 11 次印刷,总销量逾 8 万册,这足以体现该教材的生命力和价值。

新世纪以来,随着人们对环境与全球变化问题的关注,我们主动学习,以提高自身在环境科学方面的知识和实践经验,同时也明确,作为选修课程的环境教育,应体现“努力培养学生的创新精神和实践能力,要注意对学生日常环保行为养成的影响,引导学生成为环境保护的生力军”。自 2002 年起,我尝试开设“高中环境保护专题五讲”,涉及全球暖化、循环经济、新能源利用、湿地保护与环境管理等环境科学发展的前沿领域,其编写思想更注意给予学生环境保护行动和实践的指导,更关注对学生环保的示范教育及影响,虽然课程时间有所缩短,但类似于“根与芽”、“环境社”等社团却雨后春笋般地出现,学生的环境行动大大提升了我校环境教育的影响力,而“学生将所学应用于实践并成为自觉”正是我的教育主张。2007 年,我受邀参与“上教版”《绿色探索者》的编写,可以说该书编写体例很大程度上借鉴了“高中环境保护专题五讲”。如今,该教材在试用两年后,已正式成为全市高中环境教育教材,这对于一名普通教师而言,真是莫大的荣幸。

课程与教材的实施与编写要求我们与时俱进,我也深知只有走在发展的前列,方能登高望远。中央高屋建瓴地提出:“建设生态文明,基本形成节约能源资源和保护生态环境的产业结构、增长方式、消费方式。”这一具有里程碑意义的决策,把环保摆上了事关全局的战略位置,为倡导绿色生活、绿色文明指明了方向。越来越多的有识之士感到:环境不仅是个发展问题,更是一个涉及人类生存和福祉的话题,放眼全球,还是一个政治问题。正是基于以上认识,我认为对学生的环境教育，也应该上升到哲学层面和生态文明的高度。我和我的团队，又开始践行环保新思路，此举也得到了校领导和复旦大学出版社的支持，2009年9月《环保——生存之道》面世，今天，思考它被作为区本教材之缘故，我想不仅是因为它顺应了时代发展的要求，更可以从王德耀教授所作该书之序中找到答案——本书试图引导大家饶有兴趣地学习环境保护知识，养成对可持续发展的良好情感、态度和价值观，也试图帮助大家理解“环境——生存之道”的哲学内涵，激活并科学谨慎地思维。更期盼大家在学习本书以后，对个人环境文化科学素养的养成或集体今后的决策能有所帮助。

以上作为一个侧面，由此可知我与环保教育之渊源，此经历自然也促进了个人专业成长。“唯有了解，我们才会关心；唯有关心，我们才会行动；唯有行动，生命才有希望。”我想，珍·古道尔的话不仅适用于人类对于地球的态度，也完全适用于个人的发展。在不少人或浮躁于世或抱怨基础教育发展中出现的若干问题时，我觉得应更多地思考如何从能改变的地方做起，积极践行自己的为师准则，类似于教材建设这样的探索与行动不仅可使自我更完善、更充实、更快乐，也可以让学生在通过教育追求幸福、寻找乐趣的过程中，获得更丰富、更乐观、更积极的人生态度。

要说本人在校本教材建设和使用中的认识，无外乎以下四点：海纳百川的学校文化与学术环境，营造了既能使个性张扬、又彼此亲密和谐的良好氛围；教育之本，在于教师，且需要一批有思想、敢作为并着眼于为学生长远发展服务的良师；教材发展能与时代同步，旨在帮助学生做好人生之预备，体现“有益于时，有用于世”的目标，突出“便学利教”原则；专家引领，富于创新精神和实践能力的团队组合并形成教育共识。

辑二

积极的实践

“基于课标、吃透教材”是根本

前些日子，曾应邀赴外地某校去参加教学视导。主要任务有三：听课、评课和专题讲座。第一天，我连续听了五位地理老师的课，其中高一一位，高二、高三各两位，课间又分别有大约 10—15 分钟的个别交流，然后是第二天面向该校全体地理教师的评课和教学策略研讨。

对于课堂教学的评价，客观地说，我平时是不太注意的，或者说不太讲究。因为，本人观点是“心中有生”——尊重规律，对学生成长负责就行，评价教师教学似乎与己无关。但这次的任务决定我必须对所听教师的每节课作若干点评，因为对方教师一下课便会跟你主动“讨教”。授课教师中有新教师，也有从教 20 年的老教师，还有地理教研组长。我要注意对每个人评价的侧重点不一，而且还要让教师觉得我的点评既到位又不失水准。所以，我听课十分认真，甚至超越了学生对课的认真程度。总体感觉是：该校教师对课堂知识点的把握精准，尤其对学生应试技巧的要求超出了上海老师对学生的要求，甚至对某句话一定要增加哪两个字回答最佳也特别讲究；他们对教材的处理往往会紧紧围绕考试这个中心；对学生上课积极性的调动也会动足脑筋。我个人以为：从一节课也许不能断定教师的授课水平，但一定可以断定教师的教学风格，而风格对学生的影响甚至超出教师能力对学生的影响。客观地说，他们的随堂课有许多值得商榷之处，比如，教师过分依赖教材，我发现除了一位高三的老师结合学生做习题中出现的问题，对“太阳升落和影子的变化”作了必要的归纳外，其他老师的课均没有离开过课本，这样时间一长就可能会抹杀教师的创造性，甚至出现只能“教教材”而不能“用教材教”的尴尬局面。另外，教师在关注学生的地理能力（除了读图能力外）、地理学习中的态度、情感和价值观等教育方面几乎也是空白。

我思考造成此状况的原因，归根结底，在于教师的专业功底和对地理课程标准与教材的把握程度。所以，我对他们的评价从“基于课标、吃透教材是根本”入手，结合各位教师的教学特点、参考教学评价的一些标准，我在短时间与教师的交流中，还是得到了他们的认同的。实际上，我之所以有这个认识，有这么些体会，是与自己多年来在“吃透教材”中的积极实践不可分的。我认为，教师习惯意义上的备课有三个层次。

第一个层次是认识教材。即对教材的通读和相关资料的收集处理，我尤其重视对各地地理教材的收集（而非收集教参和教辅资料），可以发现在此教材中讲得很少的内容，却在彼教材中有特别的解释，这样，当你养成了学习更多教材的习惯以后，你便已经把本地用的教材中的很多不足之处给弥补了。因为教的东西也有大部分是学生书本所没有的，学生也便越发爱听爱学了，时间一长，我的课便成为专题式讲座的那种，信息量、科学性、兴趣性、实效性成为本人授课的特点。

第二个层次是质疑教材。即对教材中的一些可能的疑问进行探究，因为这也是学生可能要遇到的问题，教师要做有准备的人，尤其要根据自己的经验，知道本课教学中学生可能的疑问，打有准备之仗。比如，在讲“地中海气候的特点”时，有一教材中有这样的叙述：“在美国西部沿海的地中海气候区的夏季给人以舒适的感觉……”很多学生根据地中海气候夏季干燥炎热的特征，感到很难理解。我就查阅资料给学生讲解其中的道理。这里还有一个令学生费解的例子，就是“三北”防护林与沙尘暴的问题。因为，可能在同一张报纸上，此版报道说“三北”防护林建设取得了如何巨大的成就，彼版却又说沙尘暴离我们越来越近，以至于“更多、更早、更强”。老师应抓住这个问题，用科学研究的新事实分析：以防止风沙危害为目标的“三北”防护林为何没有成功地阻止土地荒漠化呢？其实这正是生态治理的误区所在。可以说，对荒漠化原因不清，过分强调人的力量，而忽视了自然的力量；在治理中采取反自然的做法，是我国荒漠化土地治理的误区。“三北”中的西北地区以干旱半干旱为主，这些地区不适合大面积森林分布。试图通过人的努力将森林覆盖率由不到5%提高到15%，其代价是巨大的。研究表明，乔木消耗的水分远大于草本植物和耐旱的灌木，著名学者黄秉维院士当年就形象地称之为“抽水机”。我们承认：大西北经过人们的不懈努力，长出了不少森林，但这个代价是动用了后代的水资源。其实，用树木去阻挡土地荒漠化的效果，远不如用草在源头“捂”土壤明显。

第三个层次是发展教材。即用科学的、发展的观点备课。如对原来似乎是定论的观点，现在可能需要重新审视。即便是在讲一些认为确定性很高的自然地理知识内容时，也需要我们更多地挖掘与发展，使地理教学更符合科学性。如：关于西北太平洋和南海的台风路径问题。一般师生都认为，台风移动路径都是从源地大致朝顺时针方向运动（因为受到北半球偏右的地转偏向力影响）。我也看到过一道选择题，提供的该地区台风四条移动路径中（图略），A、B、C三条呈顺时针方向运动，D向西偏逆时针方向运动，问哪条路径是不可能的。正确答案认为D是不可能发生的。后来，在聆听了一位台风专家陈院士的报告后，我专门向他请教，他和随行一致认为在多种因素的作用下，北半球的台风路径也可以是源地大致朝西偏左运动（即大致如D方向）。随后，我认真地上网查阅有关台风活动图，发现如2005年3月的“洛克”台风等，行进方向果然如此。此事再次提醒我们，许多事物受复杂因素的综合影响，考虑问题当尽量全面些，否则，我们传授给学生的知识很可能就欠科学。

教师教学是项创造性的工作，一切教学的智慧和作为都应当以“基于课标、吃透教材”为起始，离开了对教材的精准把握，而大谈特谈某某教学法应用、某某教学手段应用的好处，充其量不过是摆设，用时髦的话说就是“玩噱头”，而对学科能力、学生思想道德的培养，也等于是无源之水、无本之木，将显得苍白无力。

激活地理课堂

——我的“幽默教学观”

入夜，月色如银，打开2008届8班同学们送给我的教师节礼物——幸运瓶，36张粉红色纸带呈现在眼前，原来是每位同学对我的祝福话语，读到最多的话语大致是“虽然您只给我们上了第一节课，但却感受到课堂上的风趣幽默、自然洒脱、学者魅力”等。对于这些全上海最聪明的理科班学子的评价，我当然十分珍视。不禁想起：还是在五年前，《上海中学生报》刊登了一篇介绍我课堂幽默教学的文章。后来，我问编辑是怎么回事，编辑说：“这是我们在学生调查中获得的信息。凡是听过您讲课的学生，都反映您上课幽默，知识渊博，经久难忘！”我感到欣慰，因为我觉得，教师水平如何，一定程度上也可以从学生的评价上体现出来，尤其在实施素质教育和新课改的今天，既然学生是学习的主人和学校的主人，就自然具有对老师评价的权利，况且，绝大部分学生对教师的评价还是客观、公正的。

说到我的幽默，很多认识的人可能不太相信，因为生活中的我给人的印象往往比较严肃。而课堂上的我却是另外一番模样：讲课灵活，时而妙语连珠，时而慷慨激昂，快乐和笑声不断，学生对我的认可度颇高。这源于十多年的磨砺与锤炼。

幽默在人际交往中的作用是不可低估的。美国一位心理学家说过：“幽默是一种最有趣、最有感染力、最具有普遍意义的传递艺术。”幽默的语言，能使社交气氛轻松、融洽，利于交流。在一般教师看来，幽默可能与自己的教师身份不符，怕这样做会使学生骑到自己头上，其实未必。幽默不是社会上所说的搞笑,或者噱头。犹如炒菜之味精,教学中也应有适量的调味品,从而烘托气氛,更有助于学生高尚情趣、丰富想象、开朗乐观性格的形成。

我认为,素质教育提倡的创新精神和实践能力的培养,虽然需要发挥学生的主体意识,但教师的指导作用不可抹杀,而让学生“亲其师,乐其道”是一切有效学习的前提。教学的手段多样,但激活课堂是根本。幽默不与生俱来,却可以自我培养,它有赖教师对业务的钻研和对生活的感悟。我尤其佩服那些知识渊博、口若悬河却又不失儒雅风范的学者的讲座,于是“专题讲座型的课程”成为我教学的首选。对业务的钻研取决于本人的功底和驾驭知识的能力,毋庸讳言的是,有些教师目前还停留在照本宣科阶段,这不符合教师专业发展的要求。有的人上公开课时热热闹闹,上常态课却一塌糊涂,学生对他们的认可度也会因为巨大的“反差”而下跌。效果在课堂,功夫在课外,我的“备课”重点在“备自己”,我一直认为,课可以不按照统一的模式上,但须准备充分,那些看上去热闹却引导学生往设想好的“路线”走的做法,是不该提倡的。于是,我在课外更关心一些细节问题,注意将生活中的积累应用到教学中,使课堂“活”起来。

我还十分注重练就基本功。教师的基本功,可简单归纳为“三练”。即:练“嘴”上工夫——重视演讲技巧和幽默艺术的锻炼;练“手”上工夫——坚持写作(教学札记、教学反思笔记或教学论文等),笔耕不辍;练就“眼”上工夫——坚持学习先进文化,提高鉴赏水平,形成含英咀华的悟性与见识。

我这样做的最初设想源于地理学科的地位,尤其在名校,学生会因为不高考而对地理欠关心,课堂40分钟内做数理化的学生不少。教师若再不注意提高课堂教学的实效,那么,很有可能一年过去,学生根本没有获得多少地理知识的积累。于是,我的“备课”至少还要考虑:如何将学生吸引过来,唯有有了兴趣,才有可能谈完成教学任务。有老师认为,我上课了就是完成教学计划了,这种想法其实很幼稚,因为,没有兴趣的课堂,无异于无源之水、无本之木。

幽默作为一种优美而健康的品质,也是当代人应具备的素质。幽默需要培养，更需有意。渊博的知识和宽阔的胸怀，对生活充满信心与热情，这些都是“幽默地教学”之前提。地理涉及方方面面，我关心跨学科的知识，关心其他领域的问题，甚至对评书和农村电影等情有独钟。为的是对一些陌生的领域多一份了解，积累间接的生活体验、经历与感悟。

幽默需要即兴的灵感与发挥，而激活了的课堂，更是处处闪现幽默与创新的火花。比如，讲“苏州河综合整治”时，我联系“黑色糖浆”泰晤士河治理出现的反复性，强调“预防胜过治理”的重要性，也引导学生要客观看待苏州河整治所取得的阶段性成绩。在学习“月相”一节内容的时候，我们讲到月貌特点是“起伏大，坑坑洼洼”，忽有一个闪念，我让学生评价一下对“花容月貌”这个成语的理解，学生便明白，其实用这个成语表达女孩的美丽是不妥当的。在讲述“青藏高原是我国年太阳辐射总量最多的地区”时，为使学生加深印象，我借机搬来了“立邦漆”的广告，一个小孩推着刷子刷房屋的场面，配上的西藏民谣，使学生明白了该广告的创意，我随即对学生进行了一番教育：看样子我们不能轻信广告，广告往往具有一定的夸大性，由于太阳辐射的差异性，这漆若刷在上海，是不可能获得广告上这般鲜艳的效果的，所以要提倡理智消费、科学消费。讲到“青藏高原的气候特征”，我就引来当地谚语：“一二三雪封山，四五六霜得苦，七八九正好走，十冬腊月学狗爬。”此归纳令同学感到既形象又便于记忆。讲“沙尘暴”问题时，我用歌词“你是风儿我是沙，缠缠绵绵到天涯”来阐释沙尘暴的自然属性，显然，学生对此的理解更透彻了。……有人说“发散使人聪明，集中使人成功”，此话用在这儿，可谓恰到好处。幽默地教，也会带动学生幽默地学。课堂氛围才可以到达白热化，创新的火花和灵感才会在碰撞中产生，学生的素质才会有实质性的提高。幽默是生活和学习的润滑剂，在笑声中的教学才会刻骨铭心，余香犹存。不久前，一位毕业数年的学生来校看我时说起：“我听您代过我们的一堂课，其中讲到怎样用拳头来记忆地形类型的方法，现在还清晰，而今，我也把它介绍给我的朋友们，果然受用。”有学生在贺卡中写道：“老师，你的课能把复杂的问题简单化，这是创造……”看来，我的努力，还是得到了学生的认可。

激活地理课堂的过程也激活了自我，提升了自我。

程序性地理知识的教学策略*

一、程序性与陈述性地理知识的区别

陈述性知识的教学目标主要是培养学生回忆知识的能力，程序性知识的教学目标则重在培养学生依照程序顺利完成某项活动的行动能力。

从测量学的观点看，陈述性知识可以通过“陈述”或“告诉”的方式测量，例如，说出中国地形的三大特点；而程序性知识只能通过观察学生的行为间接进行测量，例如，在《中国政区图》上，绘出我国三大地形区的大致分界线。

从激活和提取的速度上看，陈述性知识的激活速度比较慢，需要在长时间的回忆中进行有意识的搜寻；程序性知识激活的速度快，行为链条中前一个操作的结果能迅速成为后一个操作的条件，可以迅速激活和“点燃”后续步骤。

从输入与输出的特性上看，陈述性知识要求原样复制，因而是相对静止的，而程序性知识则引导个体进行认知加工，输入与输出的信息是不同的。

从学习和遗忘的速度来看，陈述性知识只要求“印刻”在头脑中，所以学习的速度快，如果没有采取深加工策略，遗忘速度也快。而程序性

---

* 本文系与杨玉东合著。

知识要求人按一定规则和步骤进行反复操作，因而学习的速度慢，但由于操作过程调动了多种感官参与并伴随着一定的深加工，所以遗忘的速度也慢。

二、程序性地理知识的教学策略

对于广大地理教师而言，分清陈述性知识和程序性知识的异同并不困难，关键要在具体的地理教学中选择正确的策略，让学生掌握在一定的情境中以适当的形式提取相应地理知识，学以致用。

1. 引导学生掌握程序性地理知识的陈述形式

这是掌握程序性知识的前提。现代认知心理学认为，程序性知识的前身就是陈述性知识，它通常提供程序所需的条件、方法、步骤、策略等信息。

在教学中，学生习得的程序性知识主要就是它的陈述形式，即“技术性知识”，表现为一套明确陈述的技术规则，“它是可以言传的，是那种你能在书本中发现或找到的知识，是通过纸笔测验可以加以检测的知识”。在教学过程中，为让学生形成技能，首先应使学生掌握相应的“技术性知识”，使学生“知道怎样做”。学生只有知道怎样做，才会有效地做。

例如，要掌握判定气候类型的知识，学生须先掌握“判定气候类型的技术性知识”，但若让学生在以后遇到相类同的情境时也会判定出气候类型，学生必须把气候类型判定的技能以经验的形式保存在记忆中，转化成程序性知识。当然学生也可以不通过学习判定气候类型的“技术性知识”来掌握判定气候类型的技能，例如可以通过“试误”的方式进行，但这样会降低学习的效率。既然教育活动从人类其他的社会活动中独立出来，我们就应该以最简约的方式使得学生迅速掌握前人积累下来的文明成果，知识教学便是最有效的途径。

2. 帮助学生明晰程序性地理知识形成的条件

通过上述阶段的学习，学生掌握了程序性地理知识的陈述性形式，但这时还不能以行为的方式表现出来。要想实现这个转化，首先必须明晰程序性地理知识形成的条件。

（1）并非所有的陈述性知识都能转化为程序性知识。如国家、省份、山脉、河流的名称、位置等只能作为符号的知识或事实的知识在长时记忆中保持下来，是不能转化为程序性知识的。可以转化为程序性知识的陈述性知识主要是地理原理与地理规律。

（2）先前的子技能是程序性知识学习的必要条件。例如，学生的读图技能主要是由三个子技能叠加形成的，即：看图的技能、绘图的技能和从图中提取信息的技能。

（3）弄清地理原理与地理规律使用的条件。地理原理与地理规律是可以转化为程序性知识的陈述性知识，它们都有使用的前提与条件。例如，在大气层中，气温高低的垂直分布在对流层、平流层、中间层、热层和散逸层受不同因素的影响，具有不同的变化特征；分析一地的聚落特征，必须考虑历史演变对其带来的影响；要准确计算某地的日出时间，必须考虑此时、此地的地形与大气的状况。

（4）弄清学生的认知态度、认知策略、言语信息等。如学生能陈述所学习的程序性知识，则具备了技能学习的支持性前提条件，但不能被学生能用言语陈述的表象所蒙蔽，在教学中不能以言语陈述为最终目的。

在这一阶段的教学中，主要的任务是使学生熟知完成某项任务所需的条件，或者规则所适用的范围，使学生知道，若某个条件符合就可以表现出相应的行为。

这时学生所掌握的知识主要以一种静态的方式存储，要使这种静态的“程序性知识”转化为动态的“技能”，则需要通过教学过程的下一阶段来完成。

3. 提供适当的变式练习，让学生将静态的知识转化为动态的技能

在上两个环节的教学中，主要目的是让学生知道“若某个条件适合，就可以采取某个行动”，虽然学生不一定能采取相应的行动，但能够识别刺激情境是否符合某个行为的条件。这时，学生所获得的程序性知识属于“技术性知识”。

在这一阶段的教学中，则要求学生在适当的条件下采取相应的行动，要求学生将“技术性知识”转化为“实践的知识”。在这一阶段的教

学中，教师应提供适当的变式练习，可以从提供与学习情境相似的问题情境逐渐演变为与原先学习情境完全不同的多种新情境，让学生熟知规则适用的各种不同情境。

另外，应给学生留有充分的练习时间和练习机会。对于那些复杂的程序性知识，还应该考虑练习时间的分散与集中和部分与整体的关系，先练习局部技能，再进行整体练习。至于程序性知识学习的高级阶段，即技能达到相对自动化程度，可能在某些学生身上出现，但不能指望所有学生都能达到自动化的程度。学校教育不可能使学生形成非常熟练的技能，教学不可能做到这一点，也完全没有必要做到这一点。

下面举例说明程序性地理知识的教学策略。首先，地球公转产生的地理意义就是一种陈述性知识，它可以指导学生理解地球公转对地理环境的影响。当学生能够复述出地球公转的地理意义时，这表明他们已经完成了陈述性地理知识的学习。其次，将界定应用地球公转的原理分析问题的范围，并进行具体案例的分析，使陈述性知识向程序性知识转化。如，教师让学生分析“地球公转与当地农业生产季节性的关系”，如果学生能得出正确答案，则表明学生已经初步掌握这一原理，并开始向技能转化。在实际教学中，学生对这些原理的运用并不熟练，常常需要翻课本或共同讨论来解决。最后是程序性知识发展的最高阶段，即运用地球公转的地理意义来分析和解决系列具体问题，并达到相对自动化的程度。

在地理课堂教学中，需要学生掌握许多程序性知识，甚至要达到相当熟练甚至自动化的程度。如我国行政区的空间分布、世界气候的分布等，这些基本技能的熟练程度直接影响着今后地理学习的质量。如果地理教师以自己的讲解、演示、录像等形式来代替学生的动手练习和动脑思考，学生就不能获得程序性地理知识。

三、从程序性知识到陈述性知识的转化

此过程要求学生把反复操作而形成的技能作为一个陈述性知识保留在大脑中，今后遇到同类问题，直接利用现成的思路或结果来解决问

题。在地理教学中，教师往往要求学生反复做看图和绘图练习，掌握各国主要地理事物的空间分布，一直达到自动化的程度。在解决一个具体问题时，就可以不看地图，直接从大脑中提取地理事物的空间分布。

学生总是面临着多科目、多样化的学习任务，只有基本功扎实的学生才有剩余的时间和精力去拓展学习，因为注意力分配的一个必要条件就是多项操作技能中的一部分已达到相当熟练甚至自动化的程度。一个学生掌握的知识技能越熟练，进一步的学习就会越轻松。因为练习一项基本功看起来是费了一些时间，但解决一切同类问题的劳动强度都会明显减轻。从宏观意义上讲，基本功达到熟练和自动化具有“减负”的功效。当其他条件都相同时，基本功熟练的学生显然有更强的综合实力，更容易实现创新。

由此可知，陈述性地理知识和程序性地理知识的学习并不是各自独立、截然分开的，它们是互为条件、互相促进和相互转化的。在程序性知识进入执行状态的过程中，需要陈述性知识作为知识资源或知识背景，为其提供可资利用的与某个产生式有关的必要信息。反之，程序性知识对陈述性知识的获得、存储和提取也要产生影响。经过复述而进入长时记忆的陈述性地理知识很难在形成之初就既简练精要而又与原有知识水乳交融，形成合理、精致的命题网络或建立起完善的主观图式。它需要在获得或存储过程中不断地进行重建与改组，而这在很大程度上依赖于程序性地理知识的能动作用，以便为其提供操作程序和操作手段。

总之，陈述性地理知识和程序性地理知识的相互转化及其对教学的启示，值得广大地理教师在教学设计中悉心揣摩并不断实践。我们无意于增加学生的记忆负担和操练强度，而是要努力在常规智力操作的熟练化和创造性思维能力的培养之间找到合理的平衡点，既不要把学生培养成死记硬背的书呆子，也不要成为基础不牢固，徒有创造灵感的火花，却无法将其创意具体化和操作化的空想家。

参考文献

[1] 顾明远主编.教育大词典第一卷.上海：上海教育出版社，1991：144.

[2] 许铁梅.不同知识的学习与教学设计.南通师范学院学报(哲学社会科学版),2001(9).

[3] 加涅.学习的条件和教学论.皮连生译.上海：华东师范大学出版社,2001：74-76.

[4] 张二虎.论陈述性知识与程序性知识的关系.太原师范学院学报,2005(3).

[5] 周志平.论程序性知识及其教学、教育理论与实践,2001(4)：53.

陈述性地理知识的教学策略*

一、陈述性地理知识

陈述性地理知识又叫描述性地理知识，是个人可以有意识地回忆出来的内容，主要指地理基本概念和基本原理。这类知识主要回答一定时空中存在什么样的地理事象、为什么有这样的事象，以及这些地理事象将如何演替和发展的问题。

现代认知心理学认为，陈述性知识的学习过程可以分为三个阶段：第一阶段是意义的生成，新信息进入短时记忆，与长时记忆中被激活的相关知识建立联系，从而出现新的意义的建构；第二阶段是意义的贮存，新建构的意义贮存于长时记忆中，如果没有复习或新的学习，这些意义会随着时间的延长而出现遗忘；第三阶段是意义的提取和运用。

二、陈述性地理知识教学的策略

教学策略是帮助教师有效完成教学目标与教学任务的适用技术。教师教学策略的选用离不开对知识分类的正确理解，而不同的知识类型对教学策略提出了不同的要求。简单的陈述性知识主要是符号表征

* 本文系与杨玉东合著。

学习和事实的学习。这类知识学习的难点不在理解而在保持。在教学中教师主要是指导学生科学记忆,养成良好的记忆习惯。较复杂的陈述性知识的教学重点应放在理解材料的意义上。

(一) 促进陈述性地理知识习得的策略

1. 促进注意的策略

在这一环节中,教师应灵活应用变化的刺激特征和情绪性刺激特征来唤起和维持学生的无意注意,也可以通过一个有趣的实验,或者是出一个富有挑战性的问题来激发学生的直接兴趣而引起无意注意。例如,在讲“风力对地表形态的影响”时,可以让学生观察小吹风机吹动纸板上的沙子时产生的变化来导入课题。

2. 促进预期的策略

在这一环节中,教师可以通过告知教学目标,激发学生的预期欲望来唤起和维持学生的注意。对于高年级的学生,其学习活动更多地受间接兴趣的支配,教师应更多地采用说明所学地理知识、地理技能的应用价值的策略来维持学生的有意注意。

3. 表象呈现的策略

表象呈现策略就是将言语形式的知识转化成视觉形式或图画形式的知识。从心理学的角度看,人们对言语形式知识的认知兴趣和记忆的强度远远不如对视觉形式或图画形式知识所产生的效果。

在地理教学中,要特别加强地理知识图表化、地理知识图像化、地理分布地图化的表象性转化。现代教学手段的发展,为言语形式的地理知识转化为视觉形式的地理知识提供了广阔的空间,过去许多无法用语言描述准确和解释清楚的地理知识能在多种媒体的协助下,轻而易举地在瞬间展示出来。

4. 知识联结的策略

新的陈述性知识是否能获得意义,有赖于学生已有的认知结构是否能为新知识的生成提供认知框架。因此,教师在新知识学习前必须帮助学生优化其认知结构,并指导学生理清知识的两种联系:一是新知识的内在联系,二是新旧知识的联系。比如,在学习“海陆间水循环”时,学生应理解其内在联系是太阳辐射能和重力能;水循环与旧知识的联系上，要清楚海陆之间水循环的时空分布的特点，又决定了沿海地区气候的降水特点，影响到沿海地区的植被景观。

具体地说，当学习者学习新材料时，若其认知结构中缺乏适当的、包容范围较广的上位观念，可通过设计陈述性组织者为其同化新的下位观念提供一个认知框架，如掌握地球上气压带和风带的成因，是理解地球上气候类型成因的基础。如果学生的认知结构中已具有同化新材料的适当观念，但他不能自发应用时，可通过设计比较性组织者为其指出新学习的材料与认知结构中原有适当观念之间的异同，如比较等高线与等压线的异同，也可以设置熟悉情景中的应用来促进新旧知识的相互作用。

5. 成功生成的策略

以适当方式给学生呈现新信息，新信息要适于引起学生注意且难度适当，既源于学生知识背景，又高于学生知识背景，以便顺利激活原有知识，积极生成意义，使学生及时获得积极的信息反馈，从中引导学生体验成功学习的自我效能感。例如，学生学了城市的地域功能分区后，就能解释我国许多大城市的建筑景观的高度从“市中心”向外急剧降低的原因，从而体验到学习地理知识的价值。

6. 恰当复习的策略

教师应有意识教会学生恰当地安排学习时间，并在学习中按记忆规律安排复习内容和复习时间。

另外，对于一些无意义的地理知识可赋予某些人为的意义，以促进知识的记忆。例如，有的地理教师在进行单元复习时，将主要的名词依据其内在联系，建立“名词树”，让学生对树的形状进行评价，并把这棵树根植在自己知识的土壤中。

(二) 促进陈述性地理知识保持的策略

1. 复述策略

复述指为了保持信息而对信息进行多次反复的过程。如：学生为了记住某些材料，一遍遍反复多次地念、背、写等。促进陈述性地理知识保持的复述策略有两种，即拷贝复述和重点复述。前者指原封不动地保持原材料。在地理教学中，各种地理事物的名称及空间分布，如国家、城市、矿产、河流等名词就主要靠拷贝复述进行记忆。重点复述主要运用在地理规律或地理原理的学习过程中。

2. 精加工策略

“精加工”指对学习材料做精细的加工活动,即对记忆的材料增加相关的信息来达到提高记忆效果的学习方法,如补充材料细节、举出实例、做出推论等。

做好笔记也是一种较好的精加工策略。它包括摘抄、评注、加标题、写节段概括语和结构提纲等等。研究表明,学生借助做笔记不仅可以控制与优化自己的注意力,而且有助于发现知识的内在联系。因此,教师要培养学生做笔记的良好习惯,在讲课时教师应注意语速不宜过快,有抑扬顿挫感,复杂的地理内容要重复讲述,反复强调,并把讲课内容的结构、层次和重点清晰地、有条理地板书在黑板上。

3. 组织策略

组织策略是指发现部分之间的层次关系或其他联系,使之带上某种结构以达到有效保持的目的。此环节的主要任务是,通过比较有联系但又有区别的知识,促进学生认知结构的改组和重建。

列表比较就是一种常用的促进知识结构重建的方法。如通过比较农业生产和工业生产的区位特征,可以帮助学生深刻理解“因地、因时、因部门制宜”进行生产的重要意义。

(三) 促进陈述性地理知识有效提取的策略

提取信息,以供日常生活或新的学习使用是陈述性地理知识学习的最终阶段及目的。那么如何促进学生从自身的认知结构中迅速提取可利用的陈述性知识呢?

1. 类化策略

类化是把已有的知识按一定的标准归类,形成科学的认知结构。组织良好的认知结构便于陈述性知识的有效提取,因此,教师要辅导学生不断丰富和完善自身的认知结构,主动根据地理知识的特点将零散的、繁杂的知识科学地类化,并纳入认知结构中的适当位置,便于检索并有效的提取。

例如,地理事物发展变化的周期性规律可以概括为:稳定性、渐变性。如太阳直射点的季节移动(周年变化),正午太阳高度的变化,昼夜长短的变化,气压带、风带的季节移动,晨昏线的移动及其与经线纬线的关系的变化,太阳辐射及气温的日变化规律,气温与降水的年变化规律等。

对于复杂的陈述性知识的学习最有效的组织、集合知识的类化策略往往表现为对前后学习内容进行纵向梳理、横向比较的方法。

2. 激活策略

现代认知心理学认为,知识必须以一定的形式在人的认知结构中进行表征才能贮存。进入长时记忆中的任何信息不是孤立存在的,其中分享同一个主题的一些命题会相互发生联系,而正是这种信息单位的相互联系,构成了人的推理及解决问题的基础。任何两个命题,如果它们具有共同的成分,则可以通过这种共同成分而使之彼此联系起来,许多彼此联系的命题组成了命题网络。陈述性地理知识也是以命题网络或图式表征。但无论哪一种表征形式,都有一条总领知识网络的纲,纲举目张,因此,激活线索可以迅速提取这一线索串起的有关知识。顺着线索提取信息方便快捷。

例如,"探究火星上存在生命的可能性"这一话题,首先要激活学生认知结构中"生命存在的条件"这一线索,然后激活"地球上生命存在的原因"下的子线索,从中摄取知识,分析火星上存在生命的条件。

3. 测评提取

测量和评价的重点是看学生是否能从组织良好的认知结构中迅速提取准确的信息。测评手段可多种多样:考试、提问、开展知识竞赛等,它们能诱发认知冲突,引导学生调动所有的生活积累、知识积淀去应答测评,从而促进个体对陈述性地理知识的有效提取。

总之,由于陈述性知识的贮存和提取的关键是编码,其教学设计必须以知识的记忆与理解为基础。只有理解了的知识才能按意义进行编码、组织,从而形成良好的认知结构,达到提高学习和记忆效果的目的。在地理教学中恰当地运用教学策略,能有效地促进学生高效地习得、保持和运用陈述性地理知识,为形成程序性地理知识、发展学生智力奠定良好的基础。

参考文献

[1] 顾明远主编.教育大词典第一卷.上海：上海教育出版社，1991：144.

[2] 许铁梅.不同知识的学习与教学设计.南通师范学院学报(哲学社会科学版)，2001(9).

[3] 加涅.学习的条件和教学论.皮连生译.上海：华东师范大学出版社，2001：74-76.

[4] 张二虎.论陈述性知识与程序性知识的关系.太原师范学院学报，2005(3).

高中地理活动自主设计的实践认识*

一、概述

据“课程标准组”调研结果显示[1]，我国学生与国外学生笔试地理知识成绩不相上下，但若把学生带到校外或野外转一圈，回来写调查报告，再据自己的观察，提出一个地理问题，分析并提出适当的建议对策，我国学生则明显逊色。这表明我们在对学生地理实践和实验能力的要求上，与国外存在着差距。

新一轮的中学地理教育教学改革，淡化了对具体知识内容的要求，而强化了对地理技能的要求，突出了能力培养。以“人教版”为代表的地理新教材，几乎在每章或单元后，都附有配套的地理实践或实验活动。“北师大版”的《高中地理》还注意到此类活动的可推行性。值得注意的是，对以往被忽视的乡土地理，《课程标准》提出明确要求：把乡土地理作为综合性学习的载体，学生可通过收集身边的资料，运用已有的地理知识和技能，描述、归纳、分析地理问题，围绕“环境与发展”等主题，进行自主式探究性实践活动。

不可否认，由于仍受高考指挥棒影响，教师教地理应试知识和能力还是主导，课程计划中设计的地理活动因受课时、教师能力和场地等限

---

* 本文系与盛华合著。

制，学校真正落实开展的地理活动平均每班一学期不足三次，更谈不上实践活动的收效评价。由此可见，虽各地都有地理实践活动的课程设置与安排，但落实度比较低，地理的实践性要求并没有真正得到体现。

如何因地制宜地利用社区资源或学校现有条件，开发或设计成本低、耗时少、实效性强的地理活动，成为一种必然。2005年，我们申报了《高中地理实践和实验活动的创新设计研究》课题，希望通过一线教师根据教学实际设计一系列可行的地理活动，提高学生的地理动手能力和研究水平，使高中地理成为学生素质的重要组成部分。此设想得到了不少单位的大力支持，我们贯彻落实课程标准的精神，通过自主设计、精简流程等办法，使本来停留于教材层面的地理活动，能更多更具体地落实到课堂或课余进行。学生也有了切实的收获，通过活动提高了学习地理的兴趣和能力。可喜的是，课题组成员设计的三十多个实践和实验活动绝大部分已公开发表或出版。

二、高中地理活动自主设计的基本原则

1. 理论教学与实践实验活动协调一致的原则

现代中学地理教育的主要目标是引导学生开阔国际视野，关注各种地理问题，弘扬科学和人文精神，培养创新意识和实践能力。我们注意用课堂阐明的地理理论，指导学生地理探究活动，引导学生转化学习地理的动机，以学生亲历的实践知识，丰富和深化课堂的地理学习内容，从而有力地促进课堂教学的进行。如“正午太阳高度计算”是高中地理的一个难点。为加深学生对此内容的理解，我们设计了“利用正午太阳光线测算某地纬度”的活动。此活动不仅简化了难点，还让学生体会到了真正的学有所用。

2. 探究性与可行性紧密结合的原则

苏霍姆林斯基说过：“在人的心灵深处，总有一种根深蒂固的需要，这就是希望自己是一个发现者、研究者、探索者。”地理自主活动的设计突出“为学生创造条件，培养学生的独立性和自主性，引导学生质疑、调查、探究，使地理学习成为在教师指导下主动的、富有个性的、合作的探

究过程”。在探究过程中，还应结合学校实际、学生特点、知识结构等，提供可选择分层式的活动内容。强调“小”（活动时间短）、“实”（可行有实效）、“动”（DIY）、“新”（新颖时代性）、“趣”（科学的理趣）五字。我们设计的地理活动还重在启发学生思维，鼓励他们努力探索相关问题各要素间的内在联系与逻辑魅力。在此基础上，兼顾到量力而行。如“模拟火山喷发”的最初实验设计时选用的化学药品反应较剧烈，存有一定的安全隐患，考虑到学生的安全，最后选取了反应稍弱的化学药品替代，当然效果也就一般了。因此，对于此类实验内容的设计开发，有时注重实验的探究过程比关心实验效果本身更重要。

3. 地理学科与其他学科整合的原则

地理学科的综合性与区域性特点，决定了地理活动的设计要兼顾诸学科的关系。我们在设计某一活动时，一方面要注意揭示地理环境各要素间的内在联系、相互依存的辩证关系，另外还要运用数理化生、环境等多学科知识，使其有机融合、相互渗透。此类活动内容有利于培养学生从多角度、全方位解决复杂问题的能力。“利用正午太阳光线测算某地纬度”、“测定宜农土壤的机械组成”、“用实验证明二氧化碳是一种温室气体”等活动皆整合了数理化生知识，更体现地理实践活动的开放性和综合性。

三、高中地理自主活动的主要类型

我们设计的地理活动，若从知识和能力培养的角度来考虑，可把众多的目标归纳为三点：培养学生的基本地理实践技能，使学生获得有关地理现象的感性认识，使学生了解解决地理科学问题的途径和方法。按照这三个目标层次来划分，基本可分成以下三类：

1. 基本技能训练型的实践活动

以使用仪器、基本测量、观察、收集并处理数据资料、得出结论等为主要目标。如“土壤样品的采集与处理”、“保持温度”、“‘走通黄浦江’综合地理考察”活动等，通常只需要按部就班地操作，或稍作变动，就可达成活动的目标。

2. 给定方案和操作步骤的实践训练

如"用实验证明二氧化碳是一种温室气体"、"模拟地震"、"调查一家工厂(企业)"等,可进一步激发学生的地理思维和训练学生的地理科学研究方法,教师在指导这类活动时,应特别注意启发学生理解活动方案的设计思想和安排活动步骤的意图。作为拓展提高,随着学习的深入,可以逐步留给学生部分设计性的课题,即空出一些操作步骤乃至活动过程的某一个阶段,让学生自己去设计和思考。

3. 小型地理科研训练活动

在日常生活中,我们总会遇到一些地理问题,如:各地土壤有什么不同?废旧电池污染程度如何?而这些问题的解决途径与科学研究往往具有惊人的相似之处。这种解决问题的模式[2]可以用下图表示:

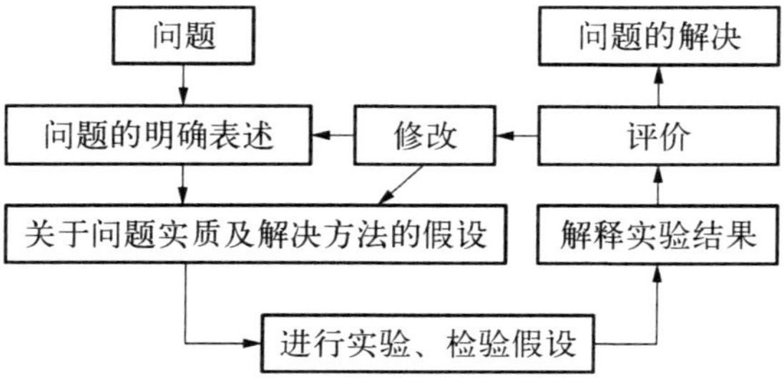

解决问题的一般模式

为发展学生分析和解决地理问题的能力,须引导他们自己去设计探索性活动。如"测定宜农土壤的机械组成"、"废旧电池对水体的污染及水生植物的净化效果实验"等就属于小型地理科研训练问题,对培养学生独立思考、激发他们的创新动力有重要意义。

考虑到三种目标层次类型的地理活动有梯度差异,作用也各不相同,我们对创新地理活动量的编排,基本按照 4∶3∶3 的比例关系,希望方便不同层次的学校和学生选择。

四、实例——调查和设计农业生态系统

设计和布局生态农业时,可从生态农业的平面设计、垂直设计、时

间设计、食物链设计等方面着手。这里主要探讨生态农业的食物链设计问题。

生态农业的食物链设计是指根据当地实际和生态学原理，合理设计农业生态系统中的食物链结构，以实现对物质和能量的多层次利用，提高农业生产的效益。食物链设计的重点之一是在原有的食物链中引入或增加新的环节。例如，引进捕食性动物控制有害昆虫的数量，增加新的生产环节将人们不能直接利用的有机物转化为可以直接利用的农副产品等。

［实践目的］

1. 初步学会根据当地农业生产情况，设计良性循环的农业生态系统。

2. 培养学生查阅相关资料和知识、参与社会实践、理论与实践活动相结合等能力。

［设计原理］

1. 巧妙安排食物链，充分持久地利用物质和能量。

2. 生态学的基本原理是进行农业生态系统设计的理论基础。根据生态系统的能量流动和物质循环原理，可以合理巧接食物链，实现对生态系统内能量和物质的多级利用，提高农产品的产量，减少环境污染；根据生态系统中生物种群间相互依存、相互制约的原理，可以设计农业生态系统的物种结构，提高农业生态系统抵抗力的稳定性。

［资料收集］

1. 调查当地农业生态系统的主要生物种类、农产品的种类和产量、化肥和农药的施用情况，获得设计农业生态系统的第一手资料。

2. 去图书馆或利用网络资源查阅本地进行生态农业建设的相关资料。

［实践过程］

1. 根据不同生态系统确定调查点，如长江三角洲地区主要是水田、河湖和副食品农业地区，农、牧、副、渔全面发展，我们可选择农田、江湖等不同生态型，确定调查点。

2. 做好组织分工：各学校可根据学生来源，即家乡所在地不同，利用双休日或统一的学农实践时间（如一般安排在 10 月一周时间），进行调查活动。

3. 根据不同生态环境，拟定调查提纲：(1) 粮油副业生产的食物链。(2) 食物链中的能量流动过程。(3) 能量流动是否合理？(4) 生产上是否可行，经济效益又如何？

4. 走访、参观、调查：根据调查提纲，走访当地有经验的农民，请他们介绍生产情况。有目的有重点地参观调查农业科研单位、村办公室、农场、饲养场、牧场等，从中获得有关食物链、食物和能量流动的有关知识。

5. 分析汇总和处理调查材料，进行交流总结，并从中归纳出所调查地区和农业生态能量流动模式图(包括确定本区农业生态结构模式，编制该地区农田生态系统的食物链，并将各条食物连接成食物网，以展示营养结构的具体内容等)。

[注意事项]

1. 关于调查，可以从以下角度进行考虑，从而提高实效：(1) 你研究的课题需要调查哪几个方面的内容？(2) 你准备从哪些方面着手进行调查？(3) 你想获得哪些调查指标？(4) 你打算采用哪种方法获得调查资料？(5) 你准备怎样分析和处理你所获得的资料与信息？(6) 在调查过程中，你预计会遇到哪些困难，你准备如何克服？(7) 你如何对自己的调查研究作出评价？

2. 设计农业生态系统要充分考虑地域差异，不能生搬硬套。各地的生态环境不同，其合理的生态系统也会不同，因此在符合生态农业设计原则的前提下应充分考虑实践的特殊性，即将理论与实践很好地结合。

3. 生态农业建设的核心和最高目标是农业的"可持续发展"。农业生态系统是一种多要素、多变量的综合系统，其物质循环和能量流动都很复杂。高中生调查农业生态系统可不调查物质循环和能量流动，而着重调查其组成和结构。

[设计原则]

1. 体现生态学原理与现代农业技术相结合的原则。

2. 应当能够构成一个合理的生产结构。

3. 充分利用自然界的物质和能量资源，并体现出系统中物质和能量的多级利用，使系统中物质和能量的转化率达到最高。

4. 体现减少环境污染的原则，充分考虑经济、社会和生态的综合效益。

5. 所设计的农业生态系统，从理论上看应当能够实现良性循环。

［可行性分析］

1. 分析是否体现了设计的五大原则。

2. 分析是否符合生态学规律及经济学准则(如：可以结合生态学知识，对所要设计的农业生态系统，进行预测性的评价分析，如资源和能源的利用情况，农业产品增产情况，农药和化肥使用的减少情况等)。

［拓展研究］

1. 根据农业生态系统的特点及设计原则可以建立生态农业的一般模式，依据设计原则和模式就可以设计出适合各种情况的方案。对于高中生而言，还应学习一些生态系统的基本调查方面的知识。如学习农业生态系统的特点、生态农业设计的一般模式、生态农业设计方法等。

2. 上海市生态农业第一村——崇明岛的前卫村，是“现代化都市生态循环农业示范园区”。该村“四位一体”的能源生态模式是庭院经济与生态农业相结合的一种新的生产模式。……请你借助网络或亲自前往调查，绘制出该生态系统物质循环和能量流动简图，并为同学进行介绍。

五、高中地理活动自主设计的思想

教师要具有对实践活动进行精准把握和灵活处理的能力。要注意对知识结构的重组，把提高学生实践能力作为地理能力的重要内容来抓。教师要通过积极主动而富有创造性的实践设计，贯彻三维教学目标，使学生获得多元发展。对于实践方法，应以地理的基本探究方法为基础，如观测、观察、信息收集、统计、分析等基本的研究方法，培养学生的探究能力，在此基础上再运用设计、调查、实验等要求较高的研究方法，逐步提高学生的探究水平。

设计地理活动，要能体现个性化，学校和教师能依据校情、生情等差异。教师在教学中遇到难以讲清的问题，或者希望组织一些对学生能力发展有利的课内外活动时，可选择并开展针对性地理实践或实验，达到“总有一些适合你”的选择要求。

设计地理活动，要坚持简易、自制、科学为主的原则，尽量选择那些最节省、最简便、最可行的方法，除个别观测和实验外，一般无须使用很现代化的观测和实验仪器。能确保在课堂上或社区附近就地开展，达到“总能开展一些活动”的设想。

我们提供的活动案例，可在地理实践实验活动的自主设计策略、保障措施和如何开发等方面，为师生提供可操作的思路，实现“我也能设计一些”的预期。教师也可对我们的活动案例进行再处理，使活动有更广泛的实用性并为教师留下自主发挥的空间。

六、结语

“I hear and I forget; I see and I remember; I do and I understand.”笔者愿有更多的教师、学生和同仁参与到地理实践实验活动的开发、设计中来，共同努力，切实为提高中学地理教学的实效出谋划策，通过生动活泼的地理实践活动，促进学生的和谐发展和素质提高。

参考资料

[1] 李建平.不但学会还要会用.中国教育报，2002－08－20(3).

[2] 陈德云.教师压力应对策略讲座：问题解决模式.计算机教与学・现代教学，2004(5).

地理教学中案例的选取与应用初探

——以“中图版”《高二地理·实验本》为例

综观各地正在进行的新课程改革,其教材的编写均强调了大量案例的使用,特别是以探究性学习为核心的综合实践课程的设置,使案例教学得以逐步推广。案例教学也正成为教育教学改革的亮点。案例教学作为一种新型教学形式,与其他教学形式互补互促,使地理课堂教学更加精彩纷呈。

所谓案例,就是对一个实际情景的描述,在此情景中,含有一个或多个疑难问题,同时也可能含有相关的解决方法。案例教学法,则是运用案例这个个别来说明、展示一般,从实际案例出发,提出问题、分析问题、解决问题,通过师生的共同努力实现教学目标,使学生的学力和创新思维得到提高的教学方法。

一、案例教学的一般程序

案例教学法的实施,无论在教学过程、教师教法和学生学法上都具有一系列规范。主要程序体现在:

1. 选编案例

这是实施案例教学法的基础与前提,在上海的许多新教材实验学校,当地理教师参加集体备课活动时,一般都会准备或设计 2—3 个案例。编写案例已成为教师专业发展的一项重要任务。一般,老师编写的案例多为文字材料,如事例的主要“情节”和主要数据等。选取和编写案例的具体要求应当体现以下特点：(1) 真实、生动。若为教师自己编写，也须符合客观实际。(2) 精练、典型。案例教学法是指教师和学生借助分析少数有代表性的案例，从而得出整体性结论的方法。运用案例的目的是为了使学生掌握抽象的教育理论，故需要选择能代表说明对象的特点的典型案例，选择的案例数量不宜多。(3) 有针对性。应该针对所讲的教育规律、当前的教育实际和学生的兴趣、爱好及接受能力来选择和编排案例。(4) 有系统性。在地理教学中各章节运用的所有案例应相互联系，由简单到复杂，分层次地有序地编排。

2. 呈现案例

案例的呈现既可以放到讲授知识之前，也可以放到讲授知识之后。既可以在讲授某一块知识时呈现，也可以在讲完一个单元或一个章节之后呈现。

3. 分析案例

对于同一案例，每个学生可以发掘出不同的意义。有人只能找到浅层的信息，有人则能得出透彻的结论。教师要引导学生剥去案例非本质的细节，揭示其内部特征以及案例与教育理论之间的必然联系。分析案例的关键是学生和教师共同努力，把案例中的内容与相应的一条或几条教育理论连接起来。

4. 评论案例

这是对案例分析的总结，一般由教师来完成。教师可以指出学生分析案例的成绩和不足，进行补充与提高式讲授。

二、地理教学案例与案例教学

1. 地理教学案例

作为地理教学的案例既为教学之素材，也是教学内容的一种呈现方式。教学案例，具备最一般的地理知识，包含最基本的地理原理，能较好地体现地理事物的规律性和地理特征。地理教学的综合性、自然性和人文性特点，决定了案例内容有着广泛性和多样性。案例的呈现方式，可以是文字的、图像的，也可以是数据的、景观的。地理教学案例一般应具如下特征：

(1) 源于真实的地理事件。除为某一特殊教学目标需要而设定的某种假设的地理情景外，真实性是地理教学案例的必要条件。因为地理知识源于客观世界，地理教学服务于社会现实，地理教学案例的首要前提必是客观的存在性。

(2) 能推进教学过程的实施。作为地理知识的有效载体之一，教学案例必须包含重要的地理信息，体现地理原理和规律；作为地理知识的呈现方式之一，它须切合教学需要，受各种教学原则的约束，促进教学过程的和谐发展。因而用于教学的地理案例，必能使学生的主体地位和教师的主导作用得到充分的发挥。体现教学互补，师生互动的原则，达到优化教学过程的目的。

(3) 服务于地理教学实践目标。案例往往能提供具体、翔实、典型的地理背景材料，易于让学生进入某种问题的特定情景之中，实现思维与情景的交流沟通，不仅获取丰富的地理知识，也促使理论与实际的有机结合。

2. 案例教学

《高二地理·实验本》选编了一些较好的教学案例，如浦东国际机场的选址、美国“锈带”、纺织业“候鸟”现象等。对教学案例的解析、研讨，不仅能帮助学生深入理解学习内容，同时可优化如下教学过程：

(1) 促进了学生的地理思维。案例往往提供了地理事实材料和情景，学生想要从纷繁复杂的地理要素中抓住核心内容、探索本质特征，需要分析、综合、抽象、概括案例所隐含的知识要素和基本原理，训练思维的深刻性；通过引申扩展、迁移模拟、类比评价等学习过程，引导学生思维畅通；并让学生发表见解，提出自己的想法和解决问题的方案，以案例分析的多元结果，拓展学生思维的广阔性。因此，案例教学可促进学生地理创新思维能力的提高。

(2) 培养和提升了学生的综合素质。案例教学改变着单一通道的知识传递方式，可促进学生自主学习，加强了师生间的信息传输、情感交流和意向沟通。在案例学习过程中，学生不仅需要理解，而且还需要表达和交流，有利于教学环境的和谐，对于培养学生健康的学习心理和个体综合素质也有帮助。

（3）保证了教与学有机体的统一。案例教学最明显的表征是师生互动，教学同步。让学生参与学习过程，教师负有引导的责任。如何让学生进入问题情景，使用案例是有效的方式之一，因为案例提供了广泛的问题情景和自由的思考空间，学生对问题的思考有较大的发挥余地，能较好地体现学生的主体作用，尤其是探究性案例。

三、地理教学案例的选编原则

地理教学案例的选编是实施案例教学的前提，选编恰当的案例，能为教学提供最有效的保障。随着信息交流渠道的不断拓展，教师比较容易获得大量的事实材料或现成的案例。但由于教学目标、教学对象等的差异，在案例教学中，教师一般都需要对案例进行挑选和修改，甚至撰写案例。地理教学案例的选编应符合以下原则：

1. 客观性

案例的客观真实是指该案例的材料来自客观存在的地理事实，源于自然和社会的存在性。对于教师自己编写的案例，要尽可能多地搜集到地理素材，精心取舍编制。客观真实并不是毫无取舍，无所选择，而以反映事物的客观规律性，能生动表达地理事物的本质特征，即科学性为案例选编的第一原则。为此，教师需要关注广泛的领域，要有开阔的视野，敏锐的地理感悟性。

2. 典型性

强调典型性即是为表明：（1）案例须具鲜明地理特征，并能生动揭示地理规律。如“长江三角洲南北岸侵蚀堆积卫星遥感影像图”（上册第 38 页），该图像表达的案例材料，能反映自西向东流的长江在地转偏向力的作用下形成“南蚀北积”的演变过程。（2）案例必须符合地理知识的教学要求，能为地理知识的教学目标服务。

3. 时代性

强调这一点是为使教学跟上日益变化的社会发展进程，一方面教学必须快速反映客观现实，与时代进程合拍。另一方面，通过富有时代气息的案例教学，引导学生更好地关注现实社会，培养奉献社会的责任感。如体现3S特征的“长江三角洲南北岸侵蚀堆积卫星遥感影像图”等，能充分显示地理教学的强大生命力。

4. 教学性

作为教学案例，教学性是无可置疑的。不仅案例本身要具有教学意义——能为教学目标服务，而且案例的表达方式，也要符合教学的需要。地理教学案例必须具有地理特色，多采用图表数据和图示、图片，辅之以简练的文字叙述，地理新教材在这方面为我们提供了范例，如：海洋空间资源的开发，提供的“中国香港填海造陆图”和“中国澳门填海造陆图”（高二上册第143页），采用了表格数据说明与地图结合的方法，翔实生动地说明了人类对海洋空间的两种比较成熟的利用方式和途径。

5. 近体性

地理教学案例所描述的，通常是近期发生的，要尽可能选择发生在学生身边的熟悉的案例（如乡土地理案例），使案例更具直观性、生动性。近体性原则的贯彻，有利于提高学生兴趣，增强其主动参与意识，使教学取得更好效果。

教师在组织地理案例的过程中，应立足学生的实际接受能力。作为教师，应在平常注意通过报纸、网络等渠道，收集丰富的事实材料，建立相关的教学案例库，为案例教学的深入开展打下良好的基础。

此外，有的内容可选的案例比较多，这时，案例必须精选，以充分体现地理事物的意义和教学价值。首先，地理案例必须符合教学目标的要求，以保证师生间围绕案例所进行的活动是有效的；其次，案例必须符合客观实际，反映地理事象的典型特征，能揭示有关的地理原理和规律；最后，案例应符合地理学科发展的趋势，把本学科最新的成果展现给学生。

四、地理教学案例的应用

1. 用案例引述地理问题

举例：海岛小国的空间危机（高二上册第76页），教材首先提供了太平洋岛国图瓦卢因为海平面上升而在 2001 年 11 月被迫作出放弃家园而举国搬迁的决定，然后提出问题，引述“温室效应（全球日益暖化）”课题的学习。这一案例的应用，旨在为学生提供积极的情绪激励和思维启动，唤起学生的学习兴趣，即带着问题学习，使学习有了明确的目标指向，围绕问题探索目标进入学习状态。

2. 用案例印证地理原理

举例：上海大卖场分布（下册第 57 页），作为商业区位的典型个案，例证城市商业地域扩展的分布模式，指出城市边缘带又称城乡接合部，因为交通便利而且又是人口的导入地带，成为大型超市、大卖场等大型购物中心选址的最佳地点。应用这一案例，旨在为地理原理提供例证或验证，常在教学进程中穿插进行，起着承转作用，顺利过渡到后续内容的学习。用此策略还有利于教学过程的通畅，有利于调节、转换学生的情绪，使课堂教学富有节奏，教材中不少案例就是这样安排的。

3. 用案例探究地理规律

举例：“上海的热岛和雨岛”（上册第 82—83 页）、“南极上空的臭氧洞”（必修上册第 52 页）两例，通过一组图片和等值线图，反映上海城市热岛和雨岛的分布特征与规律跟南极臭氧洞的消长过程，从而揭示出某种地理演变的规律性。讲授这一案例，旨在通过案例探索问题、总结规律。在探索方式上，一般运用小组讨论形式，通过学生之间的信息交互，寻求事物演变发展的规律性和问题产生的根源。

另外，有些内容被安排在课文末尾，这是为了形式上的需要而采取的办法，但这些内容是教材的有机组成部分，其中有些内容选取得很好，可改编成教学案例，引入教学过程中，如“世界文化中心的转移”（下册第 97 页）；还有一些活动内容如“温室效应与全球变暖”的讨论（上册第 80 页）则可作为研究性学习的小型课题进行专题探究。

五、地理案例教学课堂实施例举

地理案例教学的实施，主要是在课堂内展开。下面就以“温室效应”的一则案例为例，对其具体实施进行探讨。

［案例：海岛小国的空间危机(高二上册第76页)］

1. 案例讨论前的准备

在对案例进行讨论前，一般需要进行一定的准备工作，其主要目的是：(1) 吸引学生的注意力，使其能尽快对案例产生兴趣。在本案例教学中，教师利用多媒体显示出“图瓦卢——海岛小国的空间危机”的标题和补充图示等信息，激发学生旺盛的求知欲；(2) 让学生做好相关的理论准备，保证在教学中开展有价值的、高水平的讨论。

2. 呈现案例，学生质疑，师生共同确定研究的主题

教师在呈现案例后，应注意引导学生寻找其中所涉及的地理问题——让学生学会“发问”，培养学生发现问题的能力。在听取意见后，师生间还要进行商讨，以确定案例中最具探究价值的问题。如在该案例中，就确定以下三个需要共同研究的主题：(1) 导致全球海平面上升的原因有哪些？其中最重要的原因是什么？(2) 近年来海平面的上升为什么会出现加快的趋势？(3) 人类可以采取哪些措施，来解决海平面不断上升的威胁？

3. 围绕案例展开讨论，寻找解决问题的方法

这是案例教学的核心部分。教师应创设和谐氛围，引导学生运用相关地理知识，大胆思考，积极参与小组讨论，并使学生学会相互间的协作与交流。如对问题(1)、(2)，大部分同学都能经过思考，得出“温室效应造成的全球变暖是地球海平面上升的最重要原因”这一结论；而通过小组成员的相互启发、讨论，则能进一步归纳“近年人类工业生产中排放大量的温室气体(如二氧化碳、甲烷、氯氟烃类物质等)造成的‘温室效应’是地球海平面上升的根本原因”，并且注意到“人类对森林资源的破坏也是引起海平面上升的重要原因”。

在案例的探讨过程中，教师还要鼓励学生大胆地提出合理的对策。如对问题(3)，学生就提出以下的建议：工业生产尽量采用清洁能源、对各国温室气体实行限制排放、大规模植树造林等。学生兴趣受到激发，还可以充分开拓他们的思维，有学生从化学和物理等角度，大胆设想对策，如将二氧化碳通过加压的方式输送到海洋中，还有的认为用向空间发射“遮阳伞”的方式可以降低到达地球的太阳辐射量，从而控制地球

热量。……教师对于学生提出的各种解决方案，首先应充分肯定，以鼓励学生进行创新思维和保持其继续参与教学活动的积极性；然后，要与学生一起探讨各方案的可行性，从中选取最有效、最迫切的解决方案，帮助学生形成正确的环境观、发展观。

4. 案例的拓展与深化

这是案例教学最出彩的一环，它对于拓宽学生的思维空间、提高思维能力有着重要的作用。在完成以上问题的探讨后，教师可以进一步引导学生思考：全球变暖，对我国有何可能影响；发达国家又是如何对待全球变暖这一问题的；还有什么成分会对大气环境产生影响等。回答这些问题，不但要运用到地理方面的知识，还会牵涉到生物、化学、政治等学科知识。通过进一步的思考，学生能灵活运用已有的知识与经验，形成综合分析问题的习惯，促进思维能力的进一步提升。有条件的话，还可组织学生用实验等探究不同温室气体的增温作用，并设计实验研究遏止气温上升的对策等。通过案例教学使课程质量、学生素质得到实质性提高。

5. 教师小结与点评

主要有两方面的作用：(1) 教师对学生在案例讨论中的表现作出评价，以便今后能更好地进行案例探讨；(2) 教师也有必要对案例进行总结，揭示其包含的原理、规律，使学生对该问题有更全面的认识。如对该案例，教师可作总体上的归纳(多媒体投影，此处略)，使学生对全球暖化的各方面有所了解。

总之，案例教学作为一种新型的教学方法，在如何编写案例、如何根据学生情况合理设置案例的难度、如何与其他手段合理配置等，都值得我们去进一步尝试和探索，成功应用案例教学必将使地理课堂教学更生动、更具活力、更有魅力。

由地形剖面图的绘制看地理教学的有效性

毋庸置疑，课堂教学是目前高中地理教学的基本形式，是学生获取地理信息、锻炼提高多种地理能力并养成一定地理科学思维的主阵地。课堂教学效果事关地理教学的质量和创新人才培育的实际价值，使地理课堂教学生动有效理应是教师追求的永恒目标。

我认为时间、结果与体验是评价学生有效学习地理的三项指标，三指标相互关联、相互制约，具有内在统一性。学习时间是前提，投入一定的时间并提高学习效率，此为增加学习结果和强化学习体验的基础；学习结果是关键，学业进步和学力提升既能促进学习效率的提高，又可增进学生学习的积极体验；学习体验是灵魂，积极的体验和态度会促使学生乐学，并提高学习的效率和结果，而学习体验本身也是重要的学习结果。

从教师角度看，有效的教应该是促进学生学的教，表现为：直接促进，即通过教师的教，学生学得更多、更快、更好、更活；间接促进，即通过教师的教，学生学会了学习，掌握了学习方法，提升了学习能力，达到“教是为了不教”之境界！

下面，我以“判别局部小范围内闭合等值线的高度并作地形剖面图”为例，谈谈本人地理课追求教学实效的实践及效果。

地形剖面图是建立在等高线地形图基础上绘制而成的，它表示沿地表某一方向垂直切开的剖面图形，用以表示地表起伏之势。通过它，可直观地看出某条线上地面的起伏和坡度的陡缓，还有助于了解野外考察时观察点的透视情况。地形剖面图是绘制地质剖面图、土壤剖面图、植被剖面图、综合剖面图等各种剖面图的基础。

剖面图试题主要用来考查形象思维、抽象思维、动手绘图以及综合分析问题的能力。解答此类试题，应该注意解题的步骤，学会将等高线地形图转换为立体剖面图。

步骤一：首先，我给学生展示图 1 的上半部分，要同学绘制过 AB 剖面线的剖面示意图。结果，几乎所有的同学画出了图 1 中的(a)图，接着，我又让学生思考，还有无其他答案呢？很明显，受到教师的提示，马上有若干同学展开讨论，并逐渐画出了第二种情况即(b)图。

(教师归纳)看来本题我们可以得出两种结论，但大家一定要注意，当我们到野外考察时，某地实际地形应该只有一种可能，那就是非(a)即(b)。

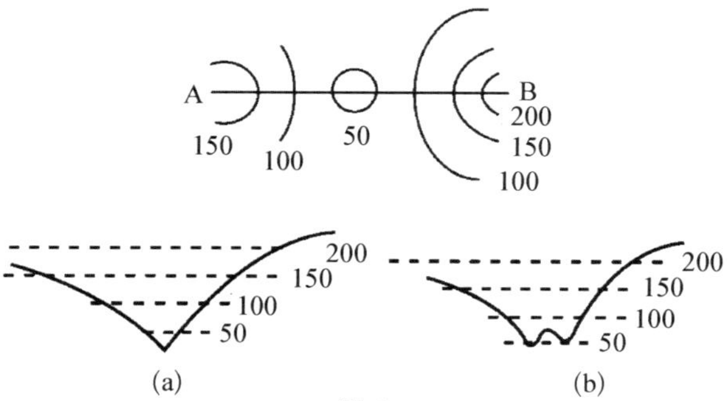

图 1

步骤二：现在，让我们看图 2，与图 1 不同的是：原来的 50 米等高线现在变成了 x 米，请大家过 l 线画剖面示意图。

此时，马上有同学说 x 就是 50 米。因此，答案就是步骤一中讨论并出现的两种可能。

(教师归纳)很好，那么 $x=50$ 米的情况我们就不再作讨论了，这里大家认为 $x=150$ 米有可能吗？若可能，大家能否尝试画出其剖面图呢？

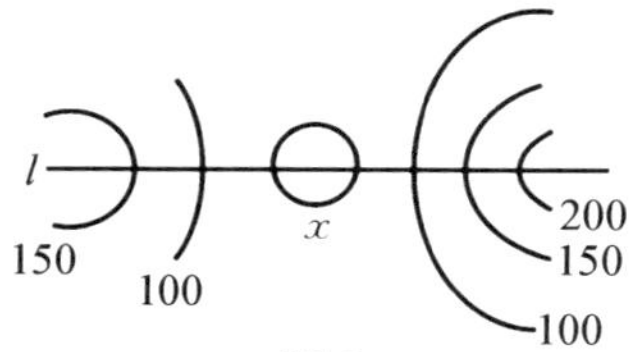

图 2

经过同学们的讨论，渐渐画出了图 3 中的(a)图，有个别同学受到图 1 的启发，还画出了图 3 中的(b)图。教师此时可以请同学在黑板上画出来并让学生作必要解析说明，同学们因此也顺理成章地解决了这一问题。

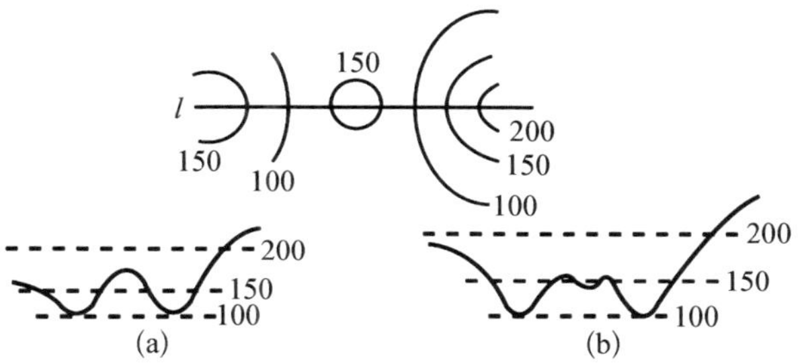

图 3

步骤三：（教师接着问）那么，有无可能 $x=100$ 米呢？若可能的话，大家可以试着画出其示意图来。有同学马上结合前面情况画出了图 4 中的(a)图，教师接着请同学思考还有无另外的可能。另有同学不久也画出了(b)图。

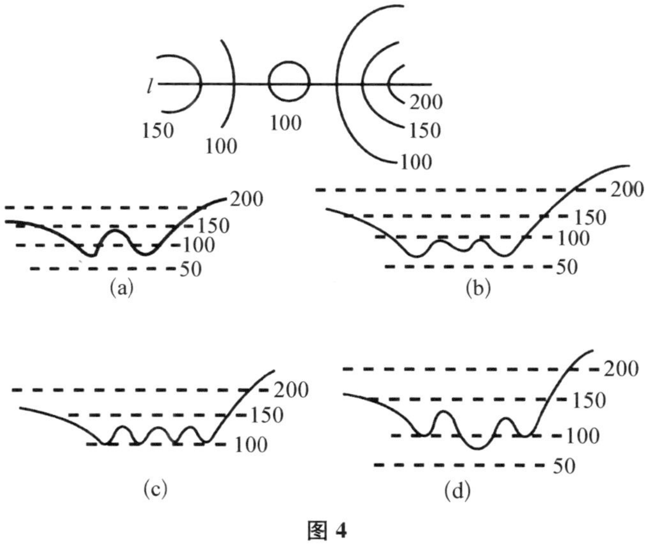

图 4

步骤四：（老师追问）还有无其他可能？同学们继续讨论，大家一致认为 x 不可能在 50、100、150 以外了，但仍然没有关注到 $x=100$ 米情况下，还是有另外的剖面示意图可以画出来的。所以，教师的提示就显得很重要了：实际上，还有可能，大家不妨继续思考，可以适当结合我们上面已经做的工作进行必要的思维拓展。

在教师的启发下，同学们的思维进一步活跃，动手欲望和讨论的热情得到激发。这样，不久便又有同学画出了(c)和(d)图。

这一小段课上下来，黑板上已经画满了学生自己的“成果”，大家发现一个小问题居然会有如此多的变化。（其实，本题还有 4 种情况可考虑，此处不再赘述。）

步骤五：投影从某参考书上摘录的关于“局部等高线区域内海拔高度的判别方法”：如不在正常范围内，则判别规律为“低于低值，高于高值”，即若闭合等高线海拔与两侧等高线中较低的海拔相等，则闭合区域内的海拔低于这条等高线的海拔，此地可能为小盆地；若闭合等值线海拔与两侧等高线中较高的海拔相等，则闭合区域内海拔高于这条等高线的海拔，此地可能为小山峰。

（教师问）大家看看这段文字，结合刚才所学，你们觉得有无商榷之必要？

同学这时发现：今天我们讨论的某些情形符合该判断方法的表述，如图 1 中的(a)、图 4 中的(a)等，但更有不少情况如图 1 中的(b)、图 3 中的(b)以及图 4 中的(b)、(c)等，也是包括不少教学参考资料和老师在内所欠考虑的，但它们却是有客观存在的可能的。

（教师趁机引导学生）上述方法的局限在于真实的地形是无奇不有的，所以，对判读方法的概括既要谨慎、全面，又要避免太绝对化，否则可能误人子弟。

综上所述，本例显然有助于加深学生对等高线地形图和剖面图之间转化的认识。同学的收获可谓巨大，而且我深信就此问题他们定将留下深刻印象。作为老师，其实我也不失时机地给了学生两个启发：一、学习地理离不开抽象思维和实证研究的结合；二、学好地理光凭识记和简单意义上的背诵未必有用，地理在一定程度上更需讲“理”。

而从教学有效性的评价来看，同样使学生获得了如下发展：就内涵而言，有助于他们对所学知识、技能，过程、方法与情感、态度、价值观三维目标的整合与发展；就层次而言，同时可促进学生现有发展区和最近发展区的发展；就形式而言，学生收获了“内在发展”与“外在发展”的统一；就机制而言，学生对该教学重点有了预设性发展和生成性发展；就时间而言，学生既获得即时发展又为拓展深化奠定了基础。更重要的是，不仅我的学生发展了，为师的我也得到了发展，毕竟学无止境！

如此，教学有效性的达成，其实质在于教师能主动地走在学生发展的前面，发现并有分寸地把握学生的学力、现实需求与长远发展的最佳结合点，以学定教，以学促教，然后找准突破点。教师若离开了务实的教学、客观的评析而大谈特谈所谓的教学有效性，则无异于隔靴搔痒，终究苍白无力。

例谈地理学科内知识迁移能力的培养

教育心理学认为：迁移是指一种学习对另一种学习产生的影响。学习迁移是教育学中一个重要理论，从迁移的影响方向与结果看，它可以分为顺向迁移与逆向迁移、正迁移与负迁移。顺向迁移是指先前学习对后继学习产生影响，如打基础。逆向迁移则是指后继学习对先前学习产生影响，如温故而知新。正迁移是指一种学习对另一种学习的促进作用，而负迁移是指一种学习对另一种学习的干扰或抑制。通常所说的迁移指正迁移，近年，有专家提出“为迁移而学习”的口号，倡导学习的目标是学生形成能够举一反三、灵活运用所学知识解决类似问题的能力和方法。

地理知识迁移能力是将所学地理知识应用到新的情境，解决新问题时所体现出的一种素质和能力，包含对地理新情境的感知和处理能力、地理旧知识与新情境的链接能力、对地理新问题的认知和解决能力等层次。形成地理知识的广泛迁移能力可以避免对地理知识的死记硬背，实现地理知识点之间的贯通理解和转换，有利于认识地理事物的本质和规律，构建地理知识结构网络，提高解决地理学科问题的灵活性和有效性。

基于这样的认识，需要我们在平时的地理教学活动中重视对知识迁移能力的培养。下面笔者以近年出现的几道考题为例来说明。

一、注重知识迁移，培养灵活运用知识的能力与技巧

【例 1】 甲、乙两地的地理坐标分别是北纬 30°、东经 120°和北纬

30°、东经 104°，甲地某日北京时间 5:10 日出。据此完成：

(1) 该日，乙地日出时间为地方时(　　)

A. 4:06　　B. 5:10　　C. 6:14　　D. 6:06

(2) 该日，乙地白昼长度约为(　　)

A. 15:24　　B. 13:40　　C. 11:32　　D. 11:48

[**解题之迁移思路**] 通过已知条件可知，甲乙两地处于同一纬度→通常情况下，两地在同一天的昼长应该相同→甲地经度为东经 120°→北京时间就是当地时间→推出甲地上午时间为 6 小时 50 分→甲地昼长为 13 小时 40 分，即乙地白昼时间长度→而乙地也应该是以正午 12 点为准，上、下午各有 6 小时 50 分→乙地日出时间为当地时间(地方时) 5:10(或北京时间 6:14)

参考答案为(1) B、(2) B

【例 2】 图中大圆为赤道，圆内弧线为晨昏线。N 点为北极，NK、NL 是经线，交角为 45°。NL 的经度为 180°，扇形区域 KNL 与其他区域日期不同。读图，完成下列问答：

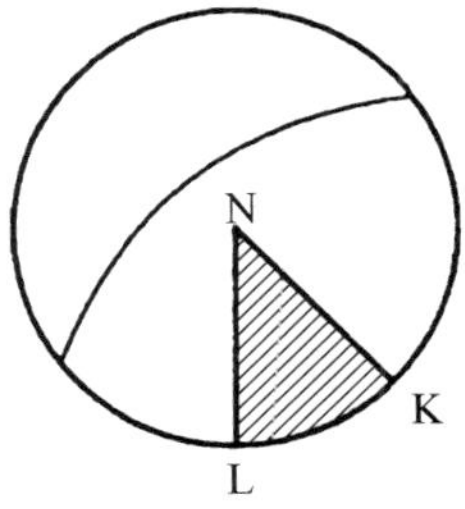

(1) K 点的经度为(　　)

A. 135°E　　B. 135°W

C. 150°E　　D. 150°W

(2) 此时，北京时间为(　　)

A. 5 时　　B. 9 时　　C. 17 时　　D. 21 时

[**解题之迁移思路**] 由已知条件分析可知→图中此时地球自转方向为逆时针方向，NL 经度为 180°，NK 在其东面 45°，故其经度应该为 135°W→NK 的标准时间为零点，则东经 45°为正午 12 点→北京时间即东经 120°地方时为 17 点

参考答案为(1) B、(2) C

启示之一： 在学习这个连续过程中，任何学习均基于学习者已具备的知识经验和认知结构、已获得的动作技能、习得的态度等进行的。这种原有的知识结构对新的学习的影响就形成了知识的迁移。而注重知识迁移，以培养学生解题的思路和技巧为中心，乃提高能力

之核心。

上述这两道题并不难，关键是要能够正确理解题目的含义，灵活运用基本概念，进行严密推理。因而，具有一定技巧性，是对运用已有知识解决地理实际问题的学习能力的考查。通过分析知识迁移过程，把解题的步骤、解题的技巧、解题的策略、审题和检查的方法通过讲案例或习题教给学生，培养学生解题的思路和技巧。特别是培养学生读图、析图、用图技能，及图文转换、空间思维与想象和演绎推理的能力，并用来分析说明区域的基本特征，解决实际问题、热点问题等，可使书本知识得以活学活用，从而提高地理能力。

二、培养学生不断地转换思考问题角度，并用新的方法解决问题的能力

【例 3】 读下面局部地区位置示意图，完成有关问答：

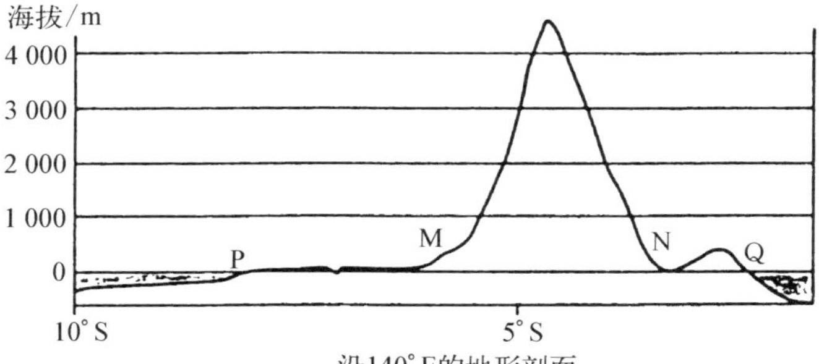

沿140°E的地形剖面

(1) 图中 P、Q 两地的直线距离约为(　　)千米；

(2) 该岛 1 月盛行(　　)风。

[**解题之迁移思路**] (1) 由图中已知条件分析可知→PQ 两地位于同一经线上→据图中纬度跨度关系，可估计出两地纬度差约为 6 度不到→同一经线上，纬度差 1 度则水平距离大约差 111 千米→PQ 两地直线距离约为 650 千米

(2) 由图示可知，该岛位于南半球靠近赤道的位置→可能受到赤道

低气压带和东南信风的交替影响。由于没有接触到过类似地区，我们不妨回忆高中学习过程中有无可参照的知识点→(发现)南亚和东南亚季风也涉及气压带和风带问题→7 月(夏季)，南亚季风盛行西南风→其成因是由于此时赤道低气压带北移进入了北半球，使得来自南半球的东南信风越过赤道进入北半球后受到地转偏向力的作用发生右偏而转变为西南风→有了这样的经验作为参照，本小题是否可以迁移为→南半球 1 月为夏季→此时的赤道低气压带应该南移于南半球某个纬度带→那么来自北半球的东北信风也会越过赤道进入南半球→在进入南半球后受到地转偏向力的作用，风向会发生左偏而逐渐演变成西北风→即该岛 1 月的盛行风向

参考答案为(1) 650、(2) 西北风

启示之二：当我们在接触一个完全不熟悉的知识领域时，从已知的较一般的整体中分化细节，要比从已知的细节中概括整体容易一些。本题重在考查学生地理的思维能力，突出表现为理性的思维、严密的逻辑推理，有助于培养学生不断地转换思考问题角度，用新的方法解决实际问题的创新能力。

这种知识迁移能力，就是遇到实际地理事物应结合教材中对某一具体相似案例的分析，将课本案例的经验借鉴到实际问题中去，即学以致用。类似例子还有许多，如学习了京九铁路建设的区位因素可以分析我国青藏铁路，学到鲁尔区的综合整治措施可联系对我国东北老工业基地等的振兴的借鉴意义，学习了长江中下游的洪涝成因对策可以联系应用到淮河下游地区等。当然，知识的迁移要求对知识呈现的情境和知识转换要灵活处理，而非生搬硬套。

三、注重知识的联系和整合，培养学生举一反三的能力

【例 4】 上海某学生在寒假时随父母到图示地区旅游，该学生结合学到的地理知识撰写了考察笔记，其中有文字描述到：“该地区一条主要河流的流向是由北向南流，河流最终流入了湖泊；因为河流东岸受流

水侵蚀较严重，说明河水流动过程中向右偏，所以位于北半球；该地区的岩石层理构造明显，推测应该属于沉积岩的一种；此时，湖泊处于一年中水位较低时期……”其中描述正确的有（　　）

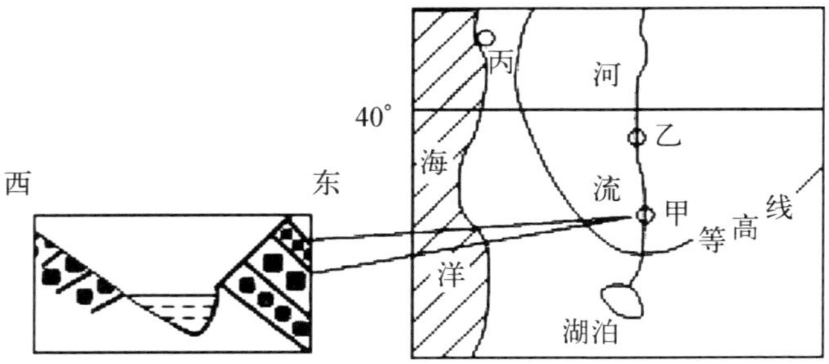

某沿海地区示意图

A. 4 处　　B. 3 处　　C. 2 处　　D. 1 处

[解题之迁移思路] 由已知图文资料分析可知→河流的流向和位于南或北半球是解题之关键→（知识迁移）在等高线图中，一般河流发源于山谷地区，而山谷的等高线一般指向高处→所以，本题中的湖泊即为河流的源头，河流大致由南往北流→河流在往北流的过程中，河道右侧侵蚀明显→说明受到地转偏向力向右偏的作用→河流位于北半球。河流从源头到乙处基本位于北纬 40°以南，且位于大陆西部地区→典型的地中海气候特征→寒假期间应该是多雨期→湖泊处于一年中水位较高时期

参考答案为 C

启示之三： 学生新知识的习得是在原有知识和经验的基础上同化和顺应的过程。综合能力的提高应建立在“双基”基础上，因为基础知识和基本技能是知识结构中的“骨干”，是联系知识的中心，具有普遍意义，学生灵活而牢固地掌握了它们之后，就能触类旁通，促进知识和技能的更大迁移。所以，引导并帮助学生建立完整的知识主干结构，是进行知识迁移、提高能力的基础。

这道题其实可分成四个小题，通过等高线和位置分布等，把地形状况、海陆位置、地质结构、气候特点、河流补给等知识点联系在一起，通过整合，考查学生知识的迁移能力，增加了试题难度，要求学生举一反三。可见，综合题更注重的是考查课本的基本知识，这需要综合课本的知识点去回答，就是把课本上的基本理论用到相关的实际问题中去。这是一种知识点的迁移。上题的答案实际上就是课本上的知识点，只要搬过来即可，这就是知识点迁移。

综上，学生在掌握应用地理知识和技能过程中，表现为对已掌握的地理知识和技能的广泛迁移。教学中，教师尤其要注意发挥重要地理概念、规律和技能的核心作用。例如，位置、地形、气候等地理概念，大气环流、洋流、地带性等地理规律，读图能力、地理要素分析等地理技能，它们在地理教学中地位突出，学生掌握这些概念、规律和技能的水平将直接影响其他地理知识、技能的学习与应用。我们要主动引导学生以这些概念、规律和技能为基础，去推导、归纳新的地理知识，形成新的地理技能。此过程不仅可帮助学生建立良好的地理知识结构与技能体系，而且也是促进学生地理知识、技能迁移的过程，对于学生地理能力的发展是极其有利的。

地图分析能力培养的三点认识

正确识图、读图、析图和绘图，能够做到图文转换自如，是学习地理的良好习惯和有效方法，也是地理《课程标准》中的基本能力要求。关于“如何优化学习方法，培养地图分析能力”之类的文章可谓见仁见智，笔者以前也曾发表过若干文章，这里，做几点补充，供大家学习时参考。

一、能对高考地理图像进行归类

综合近年高考试题，常出现的地理图像主要有：

1. 复合叠加图

把两个或两个以上有一定关联的地理事物合为一图，增大图的知识容量，保持知识的整体性。复习中，要学会把考点综合放在地图上理解分析，最好把不同章节的同类地理事物综合在一起复习。同时，因为各知识点之间所具有的关联性，这样做有利于我们培养发散性思维和聚合性思维，养成广角度、多层次、全方位、综合性处理地理信息的习惯，提高综合记忆、综合理解和综合分析问题的能力。

例如，2004 年全国春季高考试题第 36 题。就是相关复合叠加图题，它把地形剖面图、自然带垂直分布图、地形方向示意图、气温年变化图和年降水量等五个相互之间有关联的曲线绘制在两个坐标系中。解答此题首先要弄清横纵坐标值的含意，并使之与图中曲线相对应，根据左坐标图自然带的海拔高度和基带的名称以及右坐标图的气候资料，可判定该区域位于我国北方，又根据左图自然带海拔高度的东西差异，其东部迎风坡降水量大，自然带海拔低，可判断其位于黄土高原。解决这一难点后，其他问题就可迎刃而解。

2. 专题捆绑图

把较复杂的地理事物分解成若干图像，有重点地对某个问题进行考查。如对“中国特大城市分布图”规律的概括，需要结合中国三大阶梯分布图、干湿地分布图、热量带分布图等分析。如把气候类型分解为海陆分布图、不同地点气温与降水量柱状图等两幅图，通过对两幅图的综合判读来攻克气候这一难点。如 2004 年高考全国文综卷Ⅰ第 36 题（试题略），根据第一幅图中的海陆分布及位于大陆西部 40°—60°地理位置可知该处地处温带海洋性气候区，再结合提供的气候类型柱状图判断属于温带海洋性气候。

3. 地理变式图

对教材中的形态结构图进行一定程度的变形。多见有：由侧视图改为俯视图，由立体图改为平面图，由直观图改为示意图，由实物图改为文字图等；或是将教材中的关联图改变形式以新的形式出现。如：中国 38°N 地形剖面图，可以还原在中国地形分布图上，画一条 38°N 纬线来判读。这里，师生还要注意对不同版本教材图表的吸收，因为在这本教材上的原图往往在另外教材上没有，而误以为是变图。

4. 抽象简化图

把课本插图中具有提示性质的内容进行适当的删除或处理，使图解变得抽象、简练，以增大读图的难度。如 2004 年高考全国文综卷Ⅰ第 3 题（试题略），把台风过境图从文字和图片描述抽象成气压随时间变化图，增加了读图的难度，进一步考察了识图能力。解答此题关键是明白台风是热带地区的特殊气旋，即低气压，所以当台风过境时气压会急剧降低。

5. 地域辨析图

对课本插图的形态、结构、功能进行变化、迁移和深化，以拓展学生的思维。如对三江平原地区的区域、经纬网、等高线、河流、湖泊的描绘，深化和细化了课本和地图册中该地区的知识构成，有针对性地考查学生易出错的区域地理知识点，同时也提高了读图难度，考查了综合分析能力。例如 2003 年全国新课程卷第 8 题，此题四个小题比较全面地考查了某地区自然与农业生产、环境保护之间的关系,命题有新意,体现出命题由考查课本的固定知识向灵活运用知识分析和解决实际问题转变的意图。成功解答本题的关键是两步:(1) 认识并判断经度和纬度位置——联系有关知识,判读纬度相差 1°,实际距离的差值;(2) 从位置判断其位于我国东北的三江平原——联系当地发展农业的有利和不利条件,进行判别。本题给我们两方面的启示:(1) 要尽可能挖掘题目中的隐含条件,如本题中的隐含条件为纬度差 1°,实际距离差 111 千米等;(2) 要善于"反馈",即通过区域地理的表面现象联系到用自然地理原理予以解释,比如从作物类型,可以反推当地的气候、土壤、水文状况等。

地图是地理学的第二语言,地图技能的培养除了掌握三要素外,还要注意知识迁移应用,要把文字系统内容与图像信息有机结合起来,运用地理图像构成空间概念。应着重培养五个方面的能力:等值线图的判读、坐标图的判读、图文转换、地图叠加、动手绘图(如笔者专门整理了一套"图说中国"资料,供同学学习时参考。其中有"中国 26 处 MAB 成员"、"中国四大石油储备基地"、"中国的世界遗产单位分布"等)。此外,还要重视图形变式、转换。

二、以图释文、以图析题,增强依靠图像解题的能力

学习地理,就是要从基础知识着手,扎扎实实地掌握各种地理事物、地理现象的基本特征、分布规律和形成原因,这样,分析和解答问题就有了依据和条理。以图释文、以图析题,灵活地进行图像信息和文字、数据信息的转换,再运用相关知识进行分析、推理,是一种行之有效的学习方法,它不仅有助于理解和记忆,还可以帮助我们打破思维定势,增强思维的灵活性和创造性,提升图表解题能力。

【例 1】 若黄赤交角为 20°,则(　　)

A. 有极夜的范围将增大

B. 7 月北半球中纬度地区昼长和夜长的比值增大

C. 纬度 66.5°地区的极昼增长

D. 1 月北半球中纬度地区昼长和夜长的比值增大

[**学法指导**] 本题解答可以先用排除法，将正确答案锁定在B、D之间。这时，需要我们画图解答。假设某日为12月22日冬至日，则若黄赤交角不变，同样直射南回归线，北纬40°左右的昼夜比例如(a)图；若黄赤交角为20°，则太阳直射点的纬度在该日应该为20°S，北纬40°左右的昼夜比例如(b)图。经过简单计算，可知正确答案为D。

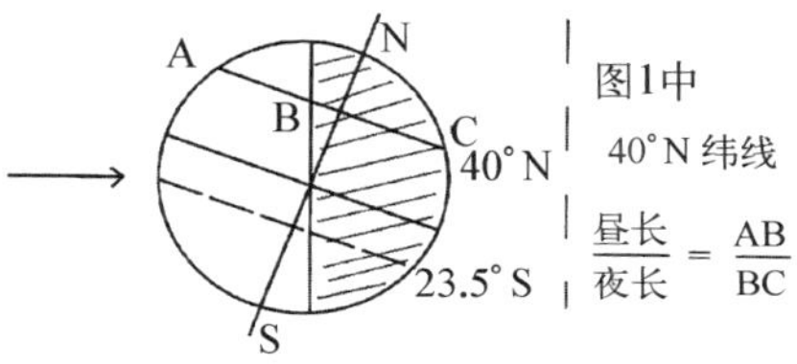

(a)

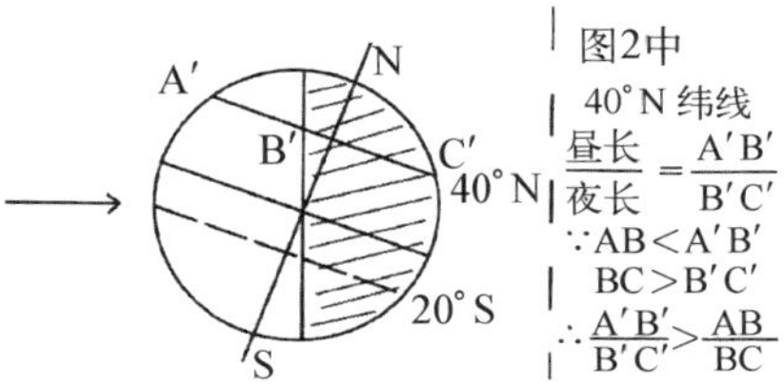

(b)

三、要善于将变图回归为原图

各类考题中的地图多为变(式)图，在地图分析能力培养训练中，教师要能引导学生在平时掌握将变(式)图回归为原图的思维方式。依据对原图的理解来解决变图中的相关问题。

【例2】 下图中，甲地适宜(　　)

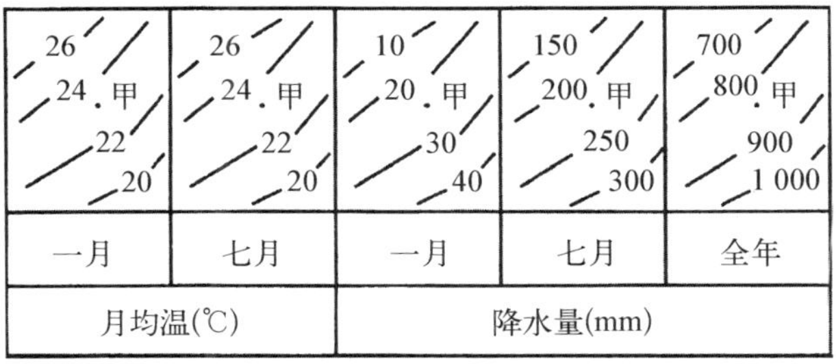

A. 地中海型农业的发展　　B. 畜牧业的发展

C. 种植水稻和黄麻　　D. 亚热带经济作物的发展

[**学法指导**] 农业生产的地域类型受气候影响显著。由此，我们必须判断出气候类型，因为气候对农业生产具有决定作用。由气候的判断方法，不难得到该地区属于热带，且应该是夏雨型。根据气候的特点，得到可

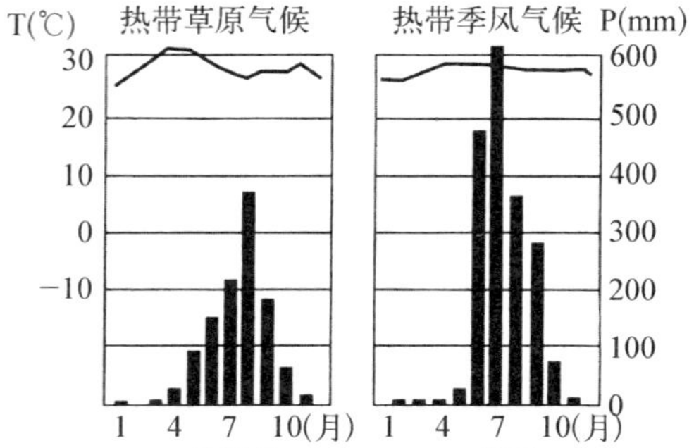

巴马科　　孟买

能是热带季风气候，也可能为热带稀树草原气候。但某地的气候类型应该只为一种。问题是这两种气候如何区别，这也是所有气候类型判断中的最难之处。我们不妨通过下面两张原图来区别。

巴马科属于热带稀树草原气候，而孟买属于热带季风气候。从两图中我们可以发现两者最大的不同是：热带季风气候的降水变率更大，这就是热带季风气候区为何多洪涝的原因。此外，热带季风气候的降水量更多。根据上海（亚热带季风气候）的年降水量一般在1 100毫米左右的特点，可以断定热带季风气候的降水量应比上海多，一般在 1 500 毫米以上。而本材料中的年降水量不足900 毫米。所以排除该地为热带季风气候的可能。热带稀树草原气候区的典型植被为热带稀树草原，所以，更适合发展粗放畜牧业。参考答案为 B。

启示：高考命题凸显能力立意。气候、自然带、植被和农业生产的地域类型与作物分布之间有着密切的联系，在整理知识时，可用综合归纳法，自成一体，而判断某地的气候是关键。在掌握时，脑子里需要装有一张世界气候分布图，而此图又是自然带和植被分布图，一图多用，其中，记忆植被名称是重点，因为自然带和气候类型的命名，均以典型植被为依据。解此类题目，也隐含着对学生推理和知识迁移能力的要求，不妨注意平时的训练与培养。

【例 3】 下面各图中的箭头，从外向里依次表示：地球自转方向，中纬、高纬盛行风向。表示正确的一幅是（　　）

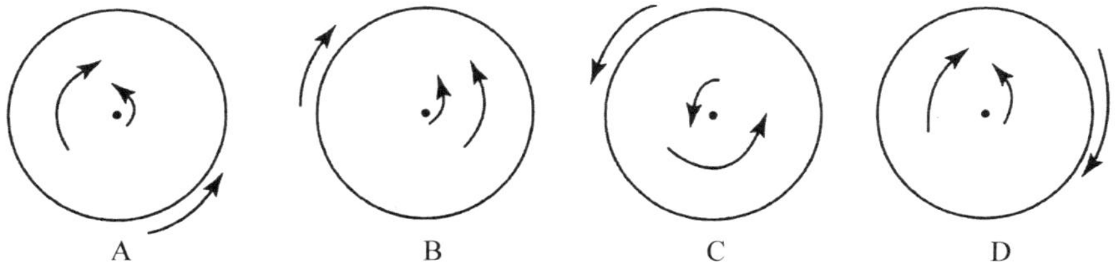

A　　B　　C　　D

［**学法指导**］此题由地球自转俯视图展开，将风向问题巧妙地与地球自转联系在一起，题目新颖，有一定的启迪思维的深度。给学生的第一感觉是题目难入手，仔细回忆水平气压差异是形成风的根本原因，于是不难想到“气压带和风带的分布”问题，这意味着需要经过一定的转换。可以根据题目的意思，将题干中的问题转换为“地球上七个气压带和六个风带的分布图”（下图），然后根据中纬度和高纬度风向与地球自转的关系分析判断。参考答案为 D。

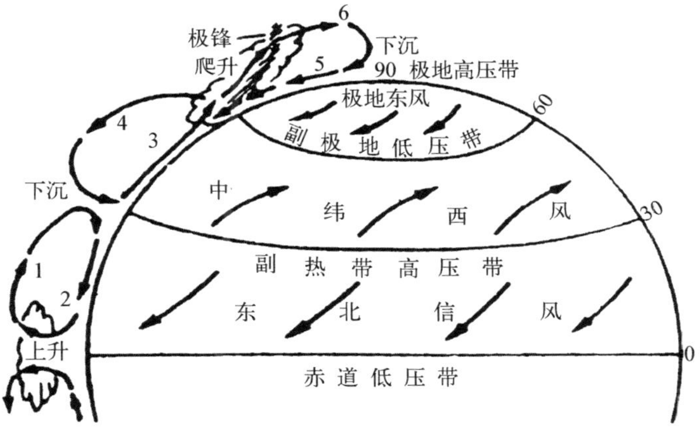

对于基础较好的同学，本题还可采用排除法解。思路是：中纬度和高纬度的盛行风向不可能一致，故排除 B、C；中纬度盛行西风，故风的去向当与地球自转方向一致，可排除 A。此图的应用还有：要求判断南极洲中山站五星红旗飘扬的方向。2002 年上海综合高考的选择题中也有一题是本图的应用。

【例 4】 如图中，中心点表示北极，阴影为 3 月 21 日，非阴影区为 3 月 22 日。读图回答。

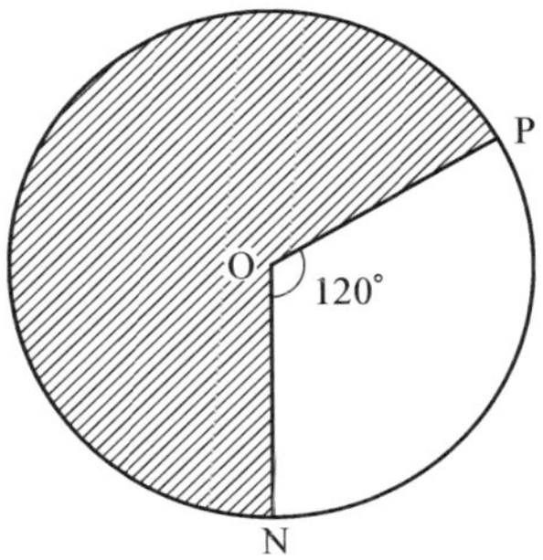

（1）OP 的经度为______，ON 的经度为______。

（2）这时北京时间为 3 月____日____时。

［**学法指导**］本题考查学生的空间思维

能力与时间的计算能力，要求学生能根据地球自转的方向来推断经度并进而根据地方时的计算和日期的变更特点来确定北京时间。考点以地球自转方向，东、西经划分法，地方时的计算，日期变更，北京时间等知识为依托。解答本题的关键是理解圆形地球上日期、时间变化推移的规律，并据此进行推导和计算。（1）由图所给的条件，先画出地球自转方向（逆时针），按地球自转方向 ON→OP 为 3 月 22 日（非阴影部分），OP→ON 为 3 月 21 日（阴影部分），则 ON 为 3 月 22 日 0 时，OP 与日界线重合即为 180°，根据图中 120°推出 ON 为 60°E。（2）明确北京时间为 120°E 的地方时，因 ON 为 3 月 22 日零时，即可推出北京时间为 3 月 22 日 4 时。做题过程中可以把方向、日期标注在相应位置上，推断北京时间可以采用画数轴作辅图的方法。（下图）

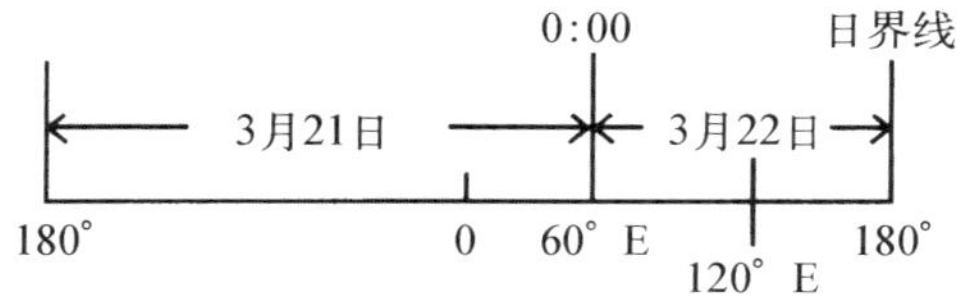

地理教材中地理与生物学科交叉性内容评析

——以我国台湾高中地理教材中的“生物篇”为例*

地理科学包括地质学、地理学、地球物理学、地球化学、气候学、大气科学、水文科学、环境科学以及生态学的一部分，它具有强烈的综合性。其综合性的特点不仅仅体现在地理学的自然科学和社会科学的综合应用，更体现在地理学和其他自然学科的交叉性部分。

本文的主要研究对象是我国台湾地区高中地理教材中的“生物篇”篇章，以地理学科与生物学科的交叉部分为案例，探讨在地理教学的过程中，如何横向联系生物学科以促进有效教学。

一、地理与生物的学科关联

自然地理环境是由许多要素组成的，现代地球表面环境由大气圈、水圈、岩石圈和生物圈组成，这是地球经历了漫长的地质年代演化而形成的，其中生物扮演了不可或缺的重要角色。

生物地理学是地理学与生物学之间的交叉学科，是研究生物的分布及分布规律的科学。其研究的主要对象是地球表层的生物群。回顾生物地理学的发展历程，其从记载动植物分布的萌芽阶段，到形成独立的学科，再到着重研究生物与环境之间的关联，我们能够深刻地体会到

---

* 本文系与贺小燕合著。

地理学科与生物学科的关联。

1. 生物地理学的“萌芽阶段”——记载动植物的分布

最早的生物地理学源于远古时代，人们在生产劳动时就注意到了森林、草原、草甸、沼泽等的不同类型以及它们与一定环境条件的相互关系。

生物地理学科的发展经历了漫长的过程，一般人们认为最早的生物地理学是源于我国周代《诗经》中对于动物的文字记载。而在西方，最早的记录始于亚里士多德，他记载了 520 种动物。关于生物地理学方面的记载并不少见，实际上我国的《禹贡》和《本草纲目》等都是极有价值的生物地理著作。

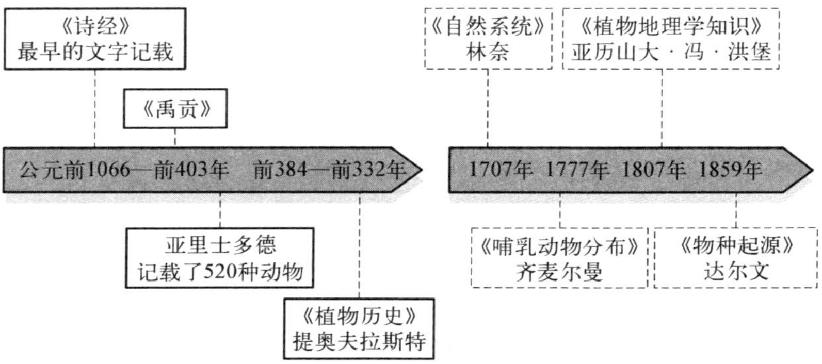

图 1 生物地理学发展历程图(部分)①

但是，以上这些记载都是零星的、不系统的，生物地理学只是处于一个萌芽阶段，并没有形成独立的学科。

2. 生物地理学的“发展阶段”——形成独立的学科

生物地理学成为一门独立学科的标志是林奈的著作《自然系统》问世，随后生物地理学开始蓬勃发展。此时，生物种类的记载有了科学的基础，分为植物地理学和动物地理学。

其中，植物地理学的奠基人是亚历山大·冯·洪堡，他将一些个别事实和零碎的资料，进行组织、分析，使之系统化和科学化。而最早从事动物地理学的是齐麦尔曼，他发表了《哺乳动物分布》。

① 依据《生物地理学》中的历史资料整理而成。

到了1859年，达尔文发表了巨著《物种起源》，这篇论文在生物地理学中引入了进化论的思想，论证了环境对于动物的影响，阐述了生物地理分布并且解释了分布的原因。这一思想，将生物地理学引入了新的篇章。

3. 生物地理学的"研究阶段"——着重研究生物与环境之间的关系

20世纪初，生物地理学的研究方向着重于现代生物的分布规律及生物与环境之间的关系方面。人们开始注重研究表象之下的规律的内在成因，同时开始关注生态环境问题等。

现代生物地理学的研究对象是生物群，主要研究它们的分布规律，目的是通过研究保护生物多样性，合理利用生物资源，为和谐的人地关系发展提供科学依据。

纵观生物地理学的发展历程，从最初简单的文字记载，到引入进化论，再到研究生物与地理环境要素之间的关联，最终，自然地理学将生物作为地理环境的一个部分来进行研究，这也就意味着生物地理成了地理学的一部分。既然如此，该部分内容就应该成为地理学科的教学内容，地理教师也应该有意识地在教学之中凸显出地理学科与生物学科在这一部分的交叉性，除了让学生体会地理学科的综合性特征之外，还能够更好地传达地理学科的核心理念是追求和谐的"人地关系"。而台湾地区高中地理教材中的"生物篇"就很好地体现了这一理念。

二、台湾地区高中地理教材中的"生物篇"

生物的分布与地理环境关系极为密切，与气候、地形、土壤和水等其他地理要素相互作用和影响。学习地理不能仅仅以人为中心地去认识地理环境，有的时候也要以生物主体的视角去看待地理环境。广义上，地理环境是围绕生物体或者群体的一切事物的总和。台湾地区地理教材中的"生物篇"正是从这样一种理念来编写教材内容，并且传达的。

1. 台湾地区高中地理教材的背景介绍

本文主要的研究样本是台湾地区高中地理教科书《高中地理(一)》和《地理》两册，分别由全宇文化印行和台湾"中华书局"出版。

表 1 台湾地区高中地理教科书的基本信息

书　　名	出　版　社	“生物篇”页码
《高中地理(一)》	全宇文化印行	第 82—89 页
《地理》	台湾“中华书局”	第 152—164 页

这两册教科书的知识性内容编排基本分为：性质篇、地图篇、地形篇、气候篇、水文篇、土壤篇、生物篇、人口篇、经济篇、交通篇、聚落篇和政治篇，共 12 篇章。

台湾地区地理教材的整体框架结构分为自然地理和人文地理两大分支。其中，“生物篇”编排在自然地理单元的最后部分。依据我国台湾地区地理课程标准要求，该部分内容是属于地理通论中的自然景观单元中自然地理的部分。

2. 台湾地区地理教材中“生物篇”的内容

“生物篇”的篇幅，《地理》中有 8 页，《地理(一)》中有 13 页。篇幅虽然不大，但是从该章节的框架结构和内容上来看，知识性内容的信息量较为丰富。

(1) “生物篇”的框架内容

教材中“生物篇”的框架结构基本以《普通高级中学必修科目(地理)纲要》的要求为基准。框架结构较为清晰简单，呈现的知识点主要有：生态系统、生态平衡、生物的空间分布和利用、生态保育。

表 2 “生物篇”的框架内容

<table>
<tr><th>章或单元</th><th>《高中地理(一)》</th><th>《地理》</th><th>《纲要》</th></tr>
<tr><td rowspan="3">生物篇</td><td>环境因素与
生态系统</td><td>生态系统与生态平衡</td><td>生态系统、自然景观带</td></tr>
<tr><td rowspan="2">动植物的
分布和利用</td><td>生物的空间分布</td><td rowspan="2">生物区系
(生物水平与垂直分布)</td></tr>
<tr><td>生物的利用与生态保育</td></tr>
</table>

(2) “生物篇”的文本内容

两册地理教科书的“生物篇”文本内容表述均以文字、景观图片和

图表三大类为主,栏目设计有思考题和讨论两大类。

以《高中地理(一)》中"生物篇"文本内容为例,主要结合了文字表述和景观图片进行。活动形式以思考题和讨论为主。

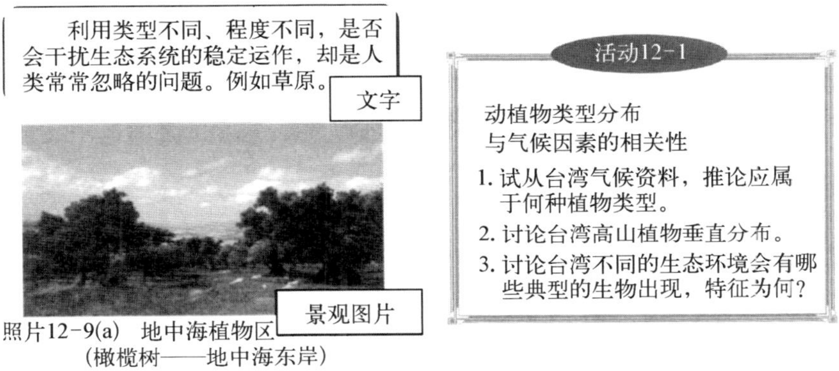

图 2 "生物篇"图文结合的文本特点

从文本内容的表现形式上而言,这两册地理教材中"生物篇"的表述都比较简单明了,主要是图文结合的形式,以文字叙述为主。图片主要分为地图、景观图片和示意图三类,以景观图片为主。

表 3 "生物篇"的文本内容

文本内容		《高中地理(一)》	《地理》
文字		7 页	12 页
图片	地图		1
	景观图片	14	11
	示意图	3	3
活动栏目		1	2

有关活动栏目,《高中地理(一)》中仅有一个活动栏目,而《地理》中有两个活动,分别为"课文要点"和"问题与讨论"。

3. 台湾地区地理教材中"生物篇"的特点

"生物篇"的主要内容是强调生物与环境之间的相互作用,以及代表性动植物的分布和利用。知识点包括了动植物的分布和影响分布的环境因素两大内容，其有点类似于上海地理高二拓展教材中的自然带的内容，不同之处是其特别强调生物要素在地理环境中的变化，突出了地理学科和生物学科的交叉性，以及传播环境保护的意识。

(1) 紧密联系地理和生物知识——环境要素和生物要素

教材中主要提出生态系统由生物要素和非生物要素组成，其中非生物要素指的是环境要素。《地理》中简单地将非环境要素分为了气候因素、地形因素和土壤因素，知识点内容以文字表述；《高中地理(一)》中则将该部分以图表的形式表述(见图3)。

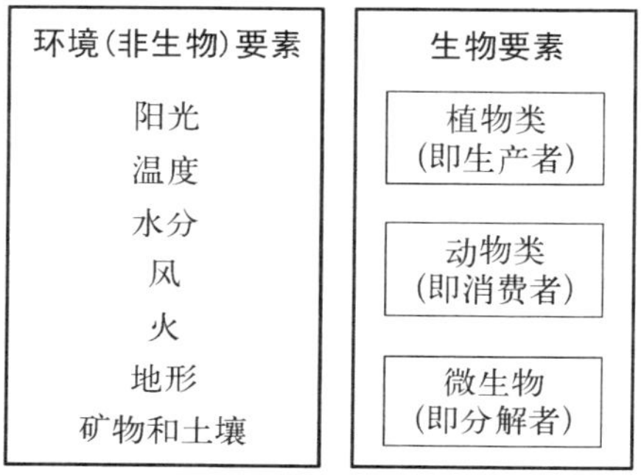

图3 生态系统的组成示意图(《高中地理(一)》)

除表达形式不同之外，两册地理教材都提出在生物地理学中，因环境要素的不同，生存的生物种类会相应地不同，简单地介绍了环境因素对于生物群落分布的影响等。《地理》中提供了“加拿大森林范围内各种生境”的生态环境案例。

图4 加拿大森林范围内各种生境(《地理》)

（2）强调植物（生物）的分布——地理学科的知识重点

两册地理教材都提供了"理想大陆的植物分布图"。地理学科是强调地理位置分布的学科，在"生物篇"中突出了这一地理学科的特点。在理解了环境要素的影响之后，提出了典型植物的理论分布图。

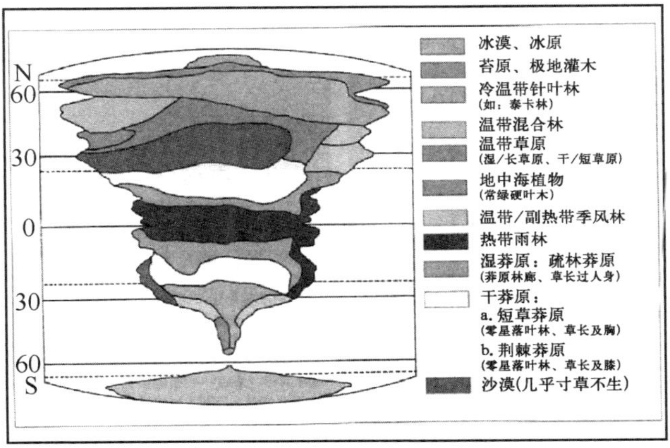

图 5-1　假想大陆的植物分布(《高中地理(一)》)

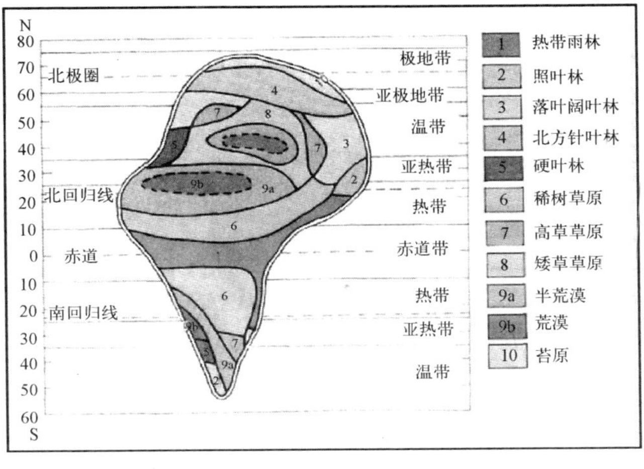

图 5-2　理想大陆的植物分布(《地理》)

此理想分布图建立在理想的因素之下，实际上的动植物分布由于局部环境条件的不同而存在一定的差异性。"生物篇"中强调的是实际环境中，不同动植物的纬度分布、海陆分布和海拔高度上的垂直分布。

可见，这两册教材中的“生物篇”在内容上都强调了动植物的地理分布，篇幅大，内容翔实。最终，都将知识点落实在地理分布之上。

(3) 传播环保意识——生态利用和保育

在两册教材中，“生物篇”的最后内容都不约而同地强调了人类对生态系统的了解，是为了要更好地开发和利用生物资源。《地理》中用的标题是“动植物的利用”和“生态保育”；《高中地理(一)》中的标题为“生物的利用和生态保育”。

可见，在“知识和技能”这一教学目标达成之后，“生物篇”更关注环境保护意识和可持续发展观的传递。研究环境与生物之间的关联是生物地理学学者的工作，而要生活在生态环境中的是全人类及其所有的动植物们。学生们除了了解环境因素对于动植物分布的影响，掌握生物分布的地带性和非地带性知识点之外，更重要的是意识到我们所需要的一切都来自这一自然的生态系统。生态环境需要人类这个地球上最高级智慧生物的保护，这样才能够让生物资源永续地得到利用，这无疑是一件“双赢”的事情。

三、台湾地区地理教材中“生物篇”的启示

事实上，许多地理教师都强烈地感受到地理学科的综合性，在教学的过程中也会注意引导和适时探讨地理与其他学科的横向联系，同时利用文科和理科的不同思维方法来开展地理教学。虽然我们上海的教材中并没有明确的“生物地理”篇章，但是也不能够片面地认为我们的地理课本没有涉及“生物地理”的内容。事实上，上海地理高二拓展教科书中“地域分异规律”知识点与之内容是契合的。上海地理教材之中的“生物地理”的内容主要是渗入到“地域分异规律”中，没有强调其与生物学科的关联。

不可否认的是，台湾的地理教材中的“生物篇”更加明确完整了学科交叉部分的教学体系、教学内容和教学目标。“生物篇”的内容起到了整合地理知识的作用，凸显了地理学科的综合性，更是表现出了地理

教学中学科横向联系的可能性，引发了一些地理教学方面的启示。

1. 利用地理和生物学科的交叉性，系统整合地理知识

台湾地区地理教材中的“生物篇”，编排在自然地理篇章的最后部分。生物地理，属于自然地理学科的分支。与其他和地理学交叉的学科相互比较而言，例如物理学、化学等在自然地理方面存在某些知识点的交叉，与之不同，生物地理强调的是生物分布的地域性，而地域性正是地理学科的特点。所以，生物与地理学科之间的交叉性更为突出。

台湾地区地理教材的“生物篇”内容系统性强，涉及自然地理学之前所学的地形、气候、土壤和水文的知识点。教材依照地形篇、气候篇、土壤篇、水文篇、生物篇这样的顺序编排，让学生在掌握了自然地理的一些基本要素之后，在学习“生物篇”时，自觉地整合所学习过的知识点，将之融汇入“生物篇”的学习之中。无形中使学生在学习地理的过程中形成一定的思维结构和知识框架体系，再综合加以应用在新的知识点中。

在具体的教学过程之中，教材利用了当地的动植物类型分布的案例，让学生通过整理之前所学习的地理知识，进行整理、分析和推导，再与事实相比对的方式进行学习。这一点我们也能够通过一定的案例整合实现，让学生自我体验地理知识的整合过程，以及迁移过程。

2. 强调地理学科的综合性，拓展学生的思维空间

台湾地区地理教材的“生物篇”阐述了地理学科与生物学科之间的交叉性，体现出地理学科的综合性。同时，凸显出了地理学科着重区域性的特点。

第一，学科交叉的内容能够打破单一学科的壁垒，让学生在阅读教材过程中，在学习过程中，以及在地理教师的引导教学过程中，渐渐体会到学科与学科之间的紧密关联。这种潜移默化的教学方式，能够拓展学生的思维空间。

第二，教材编写中强调出了学科的综合性，使得学生不仅具备了跨学科的思维模式，还能够逐渐体会地理学科文理兼备的特色。

这种综合性的教学方式有助于培养学生多维度的思考模式，使学生学会全面地思考地理事物，体会地理事物产生及分布的复杂性，融会

贯通地应用在各学科的学习之中。

3. 体现了学科横向联系的可能性，可迁移于其他学科

任何学科教学中都普遍地存在与其他学科的横向联系，这种联系往往是较小方面的，例如“中图版”《地理》的“大气组成与垂直分层”中，大气的组成涉及了化学知识，垂直分层涉及了物理知识等。这些学科交叉的部分内容较少，但是对于学生理解地理事物有一定的帮助。

台湾地区地理教材中的“生物篇”将这种横向联系扩展到了一定的程度，课本中具有体系完善的知识点、全面的内容，提供了丰富的教学资料，并且传递了学科交叉融合的教学理念，让教师能够利用教材达成学科横向联系的教学。不过，“生物篇”更多的是关注地理分布知识点，如果可以更好地和生物学科中的生物多样性等知识点或内容有机结合，则一定可以达到更佳的教学效果。

参考文献

[1] 殷秀琴.生物地理学.北京：高等教育出版社，2004.

[2] 林培英，杨国栋.高中地理教科书的文本比较研究与编写实践.北京：中国环境科学出版社，2011.

[3] 普通高级中学必修科目（地理）纲要.台湾师范大学网站，http://www1.geo.ntnu.edu.tw/index_welcome.php.

[4] 高中地理(一).台北：全宇文化印行，2008.

[5] 高中地理.台北：台湾“中华书局”，2008.

拓展教育空间　提升德育素养

——地理学科立德树人途径的探索*

学科教育可包含教学和德育两部分内容，鉴于地理学科的特性，其在立德树人方面颇具独到之处。然而在教学实践中如何实现对学生德育素养的关注和培育，是目前地理学科教师普遍存在的困惑，本文旨在从这一角度启发中学地理教师的创意思维。

地理教师首先需要明确了解本学科的德育目标，即：养成辩证唯物主义思想、科学的人口观、环境观、资源观和可持续发展观，了解国情国策，进而形成爱国主义精神，以及养成法律法规意识等。在了解学科育人价值的基础上，可以尝试从多层次拓展教育教学空间，探索有效路径，着力提升学生的德育素养。

一、课堂内的有效发掘——基础教学内容的拓展

在课堂教学中，地理教师应根据学科育人价值和德育功能，深入分析教材，从中领悟到教学内容中可以发掘的德育点，并将之与教学活动相糅合，从而实现在课堂中的德育培养。六年级“世界气候类型”的作业设计中，有习题要求学生连线气候类型与当地生存的动物，这时教师可以多问一个为什么：你认为猩猩有哪些特征适合它生存在热带雨林气候的环境中？你为什么认为驯鹿适合生活在亚寒带针叶林的气候环

---

* 本文系与张心圣合著。

境中？适当地演示并提出简单的问题，就可以影响学生的因地制宜环境观的意识形成。

渗透爱国主义、民族精神、可持续发展观、忧患意识等是地理教学的一个重要内容，教学中也应充分关注态度、情感和价值观教育。在讲述中，教师要悉心领会并渲染这些情感，打开学生的情感闸门。比如，讲到石油安全问题，可以补充近年我国石油对外依赖率已达50％的事实，由此让学生思考，国际油价波动可能对中国经济持续稳定发展构成的影响，从而树立忧患意识，增强解决问题的意识，在此基础上，还可以引导学生探讨中国应该采取的合理对策。讲述“世界锡都”个旧时，可适时地将《钱王》的一段有选择地融入教学中。把清朝光绪年间，滇商“钱王”王炽等心系天下、远见卓识、敢为天下先，牺牲钱庄，冒险出资百万两白银与外国人争夺个旧锡矿开发权成功的故事，讲给学生。这样，原本枯燥的地名知识中渗透了历史文化内容，既丰富了地名内涵，也使学生受到了历史教育和民族精神教育，激发了青年学生的爱国情感。

教学时，还可以因时进行拓展。例如，每一个节气前后，在课堂上利用3—5分钟时间，拓展时令节气的相关知识：从节气的名称造字中认识地理和文化之间的关联、了解我国古人对气候变化征候的认知，结合时令景观图，感受古人应时节撰写的诗词曲赋等。进而体会我国精深的文化，养成爱国情操。

教学中，还可以因事拓展，可以根据国内国际新近发生的时事新闻，结合地理知识，从地理角度进行分析。例如2013年底，南水北调中段工程供水的新闻，在教学时，就可以与水系知识、环境问题、京杭运河等内容结合起来，增设一节专题教育教学的内容，既综合运用了教材上的知识，又将其与生活相结合，体悟地理学科的应用价值，还增进了对国情国策的了解，培养了民族自豪感。在台风时节，可及时拓展学习台风的内容，从台风的形成、原理以及台风预报图的读取，到我国历年主要台风轨迹、台风的危害及影响案例，由此深刻认识到台风对我国——尤其是沿海地区发展的影响，以及预测台风技术的作用。这既体现了地理学科的价值，也加深了学生对于国情国策的理解。

二、课后的延伸——作业的拓展

课后作业环节也是地理教师进行德育的有效途径。以复旦二附中为例，学科教师在常规的练习册之外，每学期还要求学生完成一些探究性质的长作业。此类作业可以很大程度地发挥地理学科的育人功能。如“我国少数民族特色探究”、“省级行政区名称由来”、“天然林、人工林特点比较”、“地沟油的再利用探究”等等，在这些探究作业的完成和评价过程中，就融合了地理学科价值观和相关的国情国策教育内容。例如，六年级下学期的探究作业“天气现象的探究”，源于对复旦大学校歌歌词中“日月光华”一词的疑问：“华”字为何能与日月光同列？有没有类似的和天气现象有关的字词？以此为基础，组织学生对近三十种天气现象进行探究，不仅可加深学生对于天气现象的理解，道明了地理学科综合性强的特点，也使得学生对我国文字文化有了不同视角的认知。

三、从学校开始——探究型课程中的空间拓展

拓展、探究型课程的教学，更能充分发挥地理学科的育人价值。在复旦二附中的探究型课程中，地理教师开设的“根与芽”环保课程就是一个典范。该课程以关注环境、关注生命、关注生活为教育目标，在校园日常活动中就有着纸板箱再利用、环保袋设计等诸多的创意课程，还举行了编制“校园植物分布地图”的大型活动，不仅锻炼了学生的地图技能，也让学生在参与植物辨识和挂牌的过程中，形成了关注身边环境、了解爱护植物多样性的意识。

德育还可以综合利用现有资源。在《复旦大学第二附属中学校园植物地图》(2014 版)编制完成后，新一届预备新生报到的时候，校园植物地图就被分发到每位学生手中，每位新生需要认识校园地图并大致了解近百种植物的分布情况，这也成为新生认识学校、了解学校的第一步。当开学后，新生则以班级为单位，领取植物身份牌(上有植物的简

单介绍),依照植物地图为相应的植物挂牌。学生通过这种方式了解并爱上了校园,地理和植物的知识和技能也相应地印在了学生心头。

四、了解城市——地理学科德育与学校德育活动相结合

地理教师在考虑学科德育时,可以用参与者或辅助者的身份,辅助学生在参与其他活动时感悟地理学科的价值。例如复旦二附中的“行迹上海”实践活动,要求学生自主选择和参观分布于上海各处的55个实践基地,在这些活动基地中,涉及地理学科或者与地理学科相关的有“孙桥现代化农业开发区”、“地震科普馆”、“铁路博物馆”、“城市规划馆”等不下数十处,地理教师在学生走访前后通过指导性的建议或要求,可以更有效地帮助学生理解所看所学的内容,从而提升其学科和德育素养。例如,在走访孙桥现代化农业开发区前,地理教师可以结合七年级第二学期“现代化农业”的内容提出一些问题,如:孙桥农业开发区的位置设置、孙桥农业开发区的产量与都市需求、从成本看现代化农业开发区的建设、现代化农业园区的环保情况等。要求学生在参观时,从多角度对都市农业进行调查,并依据参观内容作出考察报告。从而了解都市农业、了解上海的建设与发展。

五、行走四方——地理学科德育与其他活动及校外资源相结合

“行走中的课堂”系列是复旦二附中开发的系列师生游学交流活动,自2007年起,已先后与云南、贵州、宁夏、青海、山东、浙江等地的学校间建立了合作联盟,并形成了常态性的游学交流互访。这对于长期囿于教室内的地理学科教师而言,是一个极佳的平台。借助学生们走出去的机会,通过制定探究计划去主动发现,或在随程指导帮助学生的过程中被动感受各类地理问题,可以有意识引导学生在活动中体验地域的特征、差异与变化,认识到我国的国情和国策,进而影响学生环境、

资源、人地观念的形成和国家意识的强化。例如，当学生游学于宁夏西吉时，对当地的自然环境（山区）、资源情况（缺水）、经济情况（贫困）有着切身的感受，地理教师这时可以从多角度指导学生：了解国家国情，认识国家政策，体会资源短缺带来的不便，以及国家对于环境、经济、技术等各领域的关注和需求，从而综合影响学生资源意识、环境意识、人口观、可持续发展理念的形成，法律法规意识的强化等方面。还可以鼓励学生将自我的感受记录、传播开，自主组织和开展相关活动，将自己的理念付诸行动。

此外，地理学科德育还可以尝试利用学生自身的资源：许多学生会利用节假日远足旅行，地理教师可以有意识地引导学生观察、关注自己的经历，并留下相关记录，之后的学习生活中，就可以借助学生的记录和资料，帮助学生更有效地认识和了解国家，从而影响学生的人地观念。例如在寒暑假前，借助学生出游或回家的经历，要求学生完成照片游历记，开学后地理教师可以依据这些资源结合具体教学进度进行教学，也会有极佳的教育效果。例如：在地形教学时，可以采用学生拍摄的景观图进行说明；在区域特征的学习中，结合学生的亲身体会和照片说明，不仅达成了教学的目的，还培养了学生在生活中留意运用地理视角看待事物和景观的意识。

六、放眼世界——地理学科德育与社会活动相结合

地理教师在考虑学科德育方式时思路还可以更宽阔些，在校外有许多学生活动组织、公益组织（前文提及的“根与芽”就是一个国际性的环保组织）等，不妨帮助学生们“请进来”、“走出去”：在教师的指导协助下，开展地理相关的系列活动。在这些活动中，地理学科知识和技能都能起到良好的辅助作用，因此地理教师可以用活动指导者、联系者、协助者等身份，帮助学生在系列活动中学习、参与、体验、感悟、行动，进而在人地关系、全球视野、爱国情感等方面有所感悟。例如，2015 年 1 月由复旦二附中主办的首届“泛复旦初中生模拟联合国大会”就是这样一个活动，在活动中，我校的学生通过持续地参与其中——无论是否作为

正式代表——都自发地去了解自己所代表的国家(地区),尝试着用更高层次的眼光来思考、讨论、解决问题,地理学科的育人价值在这项活动中得到了学生很高程度的认同和落实。

此外,我校(复旦二附中)还创设了许多交流的机会,学生无论是游学在外(美国、新加坡、澳大利亚等)还是接待来访进行文化浸润的外国学生,都与其他文化环境下的学生有着大量的接触。在此过程中,地理教师可以充分发挥其专业性,引导学生有目的、有意识地去正确认知和了解不同文化背景下的中学生们对待事物的看法,从而协助其国家和文化意识的养成。例如,当学生游学于新加坡南洋女中、中正中学时,对于新加坡的自然环境及其影响下的生活习惯、社会环境及其影响下的语言行为、国际环境及其影响下的法规政策,以及综合环境所形成的文化特色等,都会留下比较深刻的印象,这时地理教师只需要略加点拨,学生就能在自我感悟的基础上,形成对于新加坡政治、社会、经济等方面更为深刻的认知与了解,从而对国家之间文化交流交融的现况认知更为贴切。

眼光有多远,思想就有多远;思想有多远,成就才可能有多高。通过多层次的拓展教育空间,学生的眼界将不再局限于课本上、教室内,学习的内容也不再局限于学科专业的知识和技能;更广阔的空间带来的不仅是学生德育素养的提升,也可能是学生生命境界的转变。

咬文嚼字说环境变化

中国的汉字可谓内涵丰富，博大精深。有时候，通过对几个汉字的解释，便是一堂丰实有趣的课。用在中学的环境教育课堂上，也是如此。这里不妨举几例：

为何是“蜀山兀，阿房出”，而非“秦(陕)山兀，阿房出”

唐朝文学家杜牧曾写有著名的《阿房宫赋》，第一段便有“蜀山兀，阿房出”，据考证，阿房宫位于今陕西省西安市以西十三千米处的渭河以南，与秦都咸阳城隔渭河相望。按照中国古代建筑之传统：通常使用砖木结构和就近取材，秦人建阿房宫的栋梁应来自就近的秦，所以文章理应说“秦(陕)山兀，阿房出”才符合实际，但事实上却没有，是何原因？这里不妨分析，相关史料记载，也有考古证实，秦朝的疆域虽然辽阔，但核心范围主要在黄土高原及渭河流域一带。据学者研究，历史上的黄土高原和渭河流域并非现在这般稀见绿意。自夏商至周初，这里“草木畅茂”。从西周至战国之初，这里原始森林还基本上得以保存。《汉书》记载，安定、北地、上郡、西河民“以射猎为先”。到了后期，只是泾渭流域平原边缘的“森林尚有部分遗存”。至秦汉时期，关中平原地区很难看到成片的林木存在。持续不断的战争与和平时期的大兴土木，使得平原周围山地上的森林尤其是建筑用的栋梁之材骤减，举目四望，濯濯童山。待秦统一全国，始皇帝欲大规模基建时，才发现秦地咸阳附近已经几无栋梁可用，遂有人建议，秦岭之南的荒夷之地——蜀，因为远离争夺之地，经济落后，尚未大规模开发，故那里的森林还茂密，不乏栋梁之材，但“蜀道之难，难于上青天”，显然建筑阿房宫的原料运输成本将非常之巨，挥霍无度、暴殄天物的当权者，却全然不顾及这些，他们兴师动众，翻山越岭，去蜀地砍伐栋梁。于是，蜀地也到处荒山秃岭，而阿房宫终于有了雏形。这样，便有了“蜀山兀，阿房出”的说法。但由于种种原因，阿房宫最终还是未能建成(也有一说称被项羽等付之一炬)，实为可惜。

从“豫”字看中国的气候变化

河南省的简称为“豫”，意思之一是“多象之地”。根据近年的考证，科学家发现，中国野象的分布在过去六千年里大致朝南移动了十三个纬度。历史上，大象在中国境内的分布最北可能达到了 38°N—39°N。甲骨文中有较多猎获大象的记载。殷商时期，中原一带不仅野象较多，而且还进行人工驯养，成为作战的工具。在殷墟遗址中，考古发现有象、獐、水牛、竹鼠等亚热带动物骨骼遗骸。《孟子·滕文公》记载：“周公相武王……灭国者五十，驱虎、豹、犀、象而远之。”上述史实表明，夏商时期，我国野象曾经分布在华北平原北部燕山山脉至吕梁山、陕北一线。当时在山西南部、河南和山东西部等均有大象出没，而河南更是常见，故河南有“豫”的别称。从现代野象分布的条件看，野象体态巨大，食量惊人，对植被的破坏性很强，只有热带潮湿气候区的茂密丛林才能够持续地为其提供足够的食物，因此，野象出没地区，一般都是温暖潮湿的。从中可以看出，商周以来的中国气候总体呈变冷趋势，气温在波动下降。我们也不难推断：公元前 1000 年前的河南一带气候要比现在温暖湿润，森林和降水也远比现在的丰富，使这里成为大象的乐园。春秋以后，黄河流域地区的象群虽然少见，但仍有野象活动的记载。北周时，在兖州(今属山东)发现大象。南北朝至宋，大象在黄河一线以南、以长江流域一线为中心的广大地区活动，也屡见于史书。之后，随着自然界本身气候的变化，加上中原地区黄河文明的迅速发展和人口增长等原因，对森林、环境的人为破坏异常明显，这也加剧了中原地区气候的干旱化。有一天,最后一头大象无奈地告别了河南,向秦岭—淮河一线的南方蹒跚而去,后来,它们就再没有机会回到河南,但"豫"的简称却流传至今。

从"畲"看我国农耕文明的传播

畲族是中国55个少数民族之一,现今主要分布在福建、浙江、江西等南方省区,浙、闽一带的山区和半山区是其聚居地。考证此民族的由来,有学者认为它最早分布在晋南一带,之后一路往南迁徙发展。翻阅字典,可知"畲"字有"刀耕火种"之意思,畲族则可以说是一个"善田的民族",人们焚烧山坡上的森林灌木或焚烧田地里的草木,用草木灰做肥料的耕作方法,叫作畲(畬)田。由此可以理解:畲族是一个靠刀耕火种发展起来的民族,一个典型的农耕民族。这个农耕民族的迁徙路线正好也可以印证中国农业文明的发展传播规律。在汉、畲族等诸多畲田(农耕)民族的共同努力下,在黄河中下游一带,大量的绿化被焚烧,留下的焦土经过他们用石斧、铁锄等工具简单开拓,形成了大片农田,为人类的发展奠定了基础。由于人口增多,而又缺乏肥料,于是不断有新的林地等被焦化为耕地,黄河流域的文明以森林覆盖率的减少为代价,不断地繁荣和壮大,战国中期之后,黄河中下游地区,因农业的发展破坏了天然森林和草原,出现了"宋无长木"的情况。当时,这里"地小人众",甚至少数地方开始出现缺乏薪柴的现象。之后,到了隋唐时期,中原文明开始向长江流域渗透,畲族和其他民族一起也迁往长江流域,他们把在长江流域创造的财富不断补充给北方,使北方统治者的地位得到了巩固。与此对应的是,长江中下游地区的林地也大量被开垦为农田。宋朝诗人王禹偁的《畬田词》这样写道:"北山种了种南山,相助力耕岂有偏?愿得人间皆似我,也应四海少荒田。"诗人虽然是借诗称赞今陕西商州山区的刀耕火种,互相协作,却不难看出,当时畲田的普及程度。唐以后,中原文明继续向钱塘江流域甚至南岭以南发展,尤其是在宋代,大量北方人口南迁,把北方旱地农作物品种——小麦及其生产技术带到了南方,使南方各地人口迅速增加,并导致开垦种植面积的扩大。当平原水田的承载力不能满足需要时，人们自然把目光转向了丘陵、山地。许多一直被原生植被覆盖的丘陵、岗阜、山岭等却变成了光山秃岭，在土地利用方面就出现了“田尽而地，地尽而山”的局面，人口分布也呈现出由下而上，即由平原地区向山区发展的趋势，畲族也聚居到现在的浙江、福建、江西及广东等山区、半山区。一个畲字，一个畲族，清晰地勾勒出中国农耕文明迁移传播的特点。

以上个人愚见，难免有疏漏之处，但我认为，学习从本质上说是相互关联的，事实上，如果教师能对专业以外的领域有所用心，将这些看似与本学科教学无关的内容运用到学校的环境教育教学之中，则往往会起到“歪打正着”的效果。大家不妨做个有心人吧！

避免“美丽”的错

——地理教学中两个容易出错的“常识”

作为一门跨文理的科目，高中地理教学常会涉及众多相邻学科知识，教师若能自如地运用相邻学科知识，则能使地理课堂充满魅力和活力，课堂教学有效性也就不言而喻，反之，缺乏相邻学科的知识或应用不当，也会令课堂在感觉饱满的同时，留有遗憾。这里，例举两个与生物学科有关的容易出错的“常识”，希望能为大家的教研提供参考。

一、关于梧桐和法国梧桐

一次，我到某示范性高中听一位骨干教师关于“陆地上的自然带”内容的教学，为加深学生印象，教师在讲温带落叶阔叶林带时，说该自然带典型的植被是温带落叶阔叶林，然后举例说“上海常见的行道树法国梧桐就是典型树种之一，该树在欧洲和我国分布广泛。……”实际上，他讲解的知识中，涉及梧桐和法国梧桐两个不同的树种，关于此问题，我发现不少老师都犯过类似的“美丽”的错。

梧桐和法国梧桐，虽都有“梧桐”二字，却非同科树木。梧桐属于梧桐科，法国梧桐又称悬铃木，属于悬铃木科。

梧桐，又名青桐，梧桐科落叶乔木，是以桐为名的树中知名度最高者，原产于中国和日本。梧桐在我国长江、珠江流域分布较多，为阳性树种，好生于温暖湿润的环境，梧桐耐严寒、耐干旱及瘠薄，在砂质土壤上生长较好。

梧桐高大魁梧，高擎着翡翠般的碧绿巨伞，气势昂扬。李白曾写有“宁知鸾凤意，远托椅桐前”的诗句，传说凤凰喜欢栖息的就是梧桐树。梧桐树皮平滑翠绿，自干而枝，葱郁一片，显得清雅洁净。“一株青玉立，千叶绿云委。”这两句诗，把梧桐碧叶青干、桐荫婆娑的景趣描写得淋漓尽致。

梧桐叶呈掌状，裂缺如花，可入药或作农药。古文中有“一叶落而知天下秋”之句，就是指梧桐叶。梧桐夏花，雌雄同株，花小，淡黄绿色，圆锥花序，盛开时鲜艳明亮。梧桐果实一般分为 5 个分果，分果成熟前裂开呈小艇状，种子生在边缘。果实是球状的，直径约半厘米，有一层薄薄的壳，可食用，也可榨油。梧桐树皮纤维可造纸，制绳索。树木质紧密，纹理细腻，可制作乐器和家具。东汉学者蔡邕从灶火中抢出一块尾端烧焦了的梧桐木，做了一张“焦尾琴”，音色极佳，传为典故。

法国梧桐，为世界知名的行道树，我国许多城市也有种植，但属引种栽培种，它原产欧洲、美洲及印度。我国园艺学家陈植确定它名叫“悬铃木”。悬铃木一属有 8 种，引入我国较大量栽植的有 3 种。悬铃木果序柄的果实，有的 1 个果球，有的 2 个果球，有的 3 个或 3 个以上果球，故名称不同，分别叫作一球悬铃木、二球悬铃木和三球悬铃木，是三个不同的种。

为何悬铃木叫“法国梧桐”呢？原来，此树叶似梧桐，人们误以为是梧桐，而“法国梧桐”实际上是一种英国人培育的杂交树。17 世纪，在英国牛津，人们用一球悬铃木（又叫美国梧桐）和三球悬铃木（又叫法国梧桐）作亲本，杂交成二球悬铃木，取名“英国梧桐”。在欧洲广泛栽培后，法国人把它带到上海法租界，栽在霞飞路（今淮海中路一带）作为行道树。人们就叫它“法国梧桐”，以讹传讹，竟然把它当作梧桐树了。

二球悬铃木的亲本三球悬铃木，又叫鸠摩罗什树。公元 401 年，印度高僧鸠摩罗什到中国传播佛教，携此树植于西安附近的户县古庙前，今尚存，树干得有四人才能合抱。这该是我国最早引种的悬铃木了。可惜，三球悬铃木在西安也没推广，今天西安城里的行道树是从上海引种的二球悬铃木。另一亲本一球悬铃木，原产北美，上海、南京、北京、青岛等地已引种栽植，生长良好。

现在,我国众多城市大量用作行道树的是二球悬铃木。

法国梧桐树干比梧桐粗大,叶片亦呈三角星状,只是大得多。果实非常小,不能食用。这种树枝条舒展,叶密荫浓,不染烟尘,且生长迅速,夏日炎炎之中,该树亭亭如盖,给路人带来许多凉爽。所以,最适合做人行道遮阴树。

法国梧桐是阳性速生树种,抗逆性强,不择土壤,萌芽力强,很耐重剪,抗烟尘,耐干旱,大树移植成活率极高。其对城市环境适应性特别强,抗空气污染能力较强,叶片具吸收有毒气体和滞积灰尘的作用。但根系分布较浅,遭遇台风、大风天气时易受害而倾倒。

综合而言,大家不妨可从以下方面观察并区分这两种树木:

比较项目	共　性	主 要 差 异	
		梧　　桐	法国梧桐
树皮	都比较光滑	树皮绿色	树皮为淡绿色至白色,片状剥落
叶片叶裂	掌状叶,3—5 裂	叶裂稍深、全缘	叶裂稍浅,多至中部,裂片边缘有疏齿
花和果		花序圆锥状,顶生,长达 50 厘米;花单性,黄绿色;萼片长圆形,呈花瓣状,无花瓣;心皮 4—5 个,开裂呈叶状,长可达 10 厘米。蓇葖果呈叶状,5 个。种子球形	花单性,密生;花序呈球形,生于不同的花枝上;雄花有萼片 3—8 个,卵形,花瓣 3—8 个,长圆形,长为萼片的两倍,雄蕊 4—8 个,长于花瓣;雌花有 6 个心皮,离生,花柱长 2—3 毫米。球形果序常 2 个,下垂,径达 3—4 厘米。小坚果长近 1 厘米,基部有长毛

二、关于橄榄和油橄榄

讲到地中海地区的典型植被时,我们一定会提及油橄榄树,但有老师把橄榄、2004 年雅典奥运会上的橄榄枝等与油橄榄树混淆联系到了一起,学生误以为油橄榄既产橄榄又可以榨油,其实不然。

橄榄又名青果,属于橄榄科,是一种常绿乔木,原产中国。《开宝本草》载:“橄榄,其树似木梭子树而高,端直,其形似生诃子无棱瓣。生岭南,八月、九月采。”果实富含钙质和维生素C,可供鲜食或加工,经济价值极高,“橄榄,盐过不苦涩,同栗子食甚香”,人们将橄榄果称为“天堂之果”。中国是栽培橄榄最多的国家,福建是我国橄榄种植最多的省份,其他南方诸省区亦有栽培。橄榄在地中海沿岸有广泛分布,希腊神话中,众神赠给人类最宝贵的礼物是橄榄树,而在雅典——古代奥运会发源地,当时获胜者的唯一奖品就是橄榄枝。关于橄榄的象征意义:天堂(橄榄果)、珍贵(橄榄树)、荣誉(橄榄枝)。

橄榄树生命力强,适应性广,河滩、洲地、山丘、坡地及宅前屋后、零星杂地均可种植。它树姿优美,四季常青,兼有美化环境、净化空气之效。

油橄榄又名齐墩果、阿列布,属木樨科木樨榄属常绿乔木,是以“高产、优质、高效益”为特征的木本油料兼果用树种,栽培品种有较高食用价值,含丰富优质食用植物油的油橄榄,为著名亚热带果树和重要经济林木,原产小亚细亚,扩展到地中海沿岸地区栽培已有4 000多年历史。目前,中心分布区是地中海沿岸国家。近年,随着科研发展,对橄榄油的营养和医疗价值的认识引起各国对油橄榄的重视。现在,全球有40多个国家和地区在引种栽植油橄榄,其中西班牙、意大利这两国约占到一半。

油橄榄树高8—10米,幼龄树树皮光滑而色浅,树干基部常有树瘤。叶对生,长椭圆形,全缘或有疏齿,长5—8厘米,宽1—1.5厘米,叶面深绿色,叶背淡绿色或银白色。圆锥花序着生于一年生枝叶腋,有完全花及雌蕊退化花两种。核果椭圆形,一般约5克重,有的可达15克,成熟后呈紫黑色,干重果肉含油量高达50%—70%。

油橄榄喜光、怕涝、好气,适宜在年均温15—20℃、绝对最低温−10℃以上的地中海气候区种植。1950年前,我国仅在台、闽、滇、渝等地栽植。1956—1962年被列入国家引种计划,1964年,首批从阿尔巴尼亚引种油橄榄万株,进行大规模栽培试验。自1973年起,逐步发展生产栽培。经过40年努力,目前,我国油橄榄单产已接近原产地“集约经营”的高产水平。每公顷油橄榄的生产投入及其对土地条件的要求却低于大豆、花生等油料作物生产所要求的条件。

上述两个“常识”问题完全源自课堂，反映了相邻学科知识和技能对于我们地理教师专业素养提升以及专业发展的重要性，实际上，教师平常能自觉不自觉地主动学习、触类旁通，不仅可避免因为这些“美丽”的错而使课堂实效有所折扣，更能使自我在课堂教学中左右逢源、妙笔生花。

参考文献

[1] 汪劲武编著.植物的识别.北京：人民教育出版社，2010.

意料之外，情理之中

——地理原来很有趣

作为一名普通的地理教师，自然深谙“读万卷书，行万里路”之道，尤其是把“行路”看作是比“读书”更重要的提升专业水平的途径之一。有时候，居然可以在无意中有不少发现，原来意料之外的地理，却又在情理之中发生。这里例举二三：

天津的水稻

对于中国的水稻分布，习惯上地理和生物老师会脱口而出：集中分布在高温多雨的南方地区，如长江中下游平原、珠江三角洲和四川盆地等秦岭—淮河以南地区。东北若干地区也因为受到夏季风带来丰沛降水的影响，有部分早熟单季稻分布。

还是在五六年前的夏季，我当时在朋友陪同下去天津杨柳青，顺便在天津西郊和南郊等地做一番考察，令我惊喜的是：居然在那里看到了较大面积的水稻分布，由于朋友从山东调到天津工作不久，对那里的情况同样知之甚少，自然和我一样，对天津的水稻分布感觉有些意外。眼见为实，回到上海，我便认真查阅资料，才发现原来不仅天津有水稻，而且它属于华北单季稻稻作区的一部分：位于秦岭—淮河以北，长城以南，关中平原以东，包括京、津、冀、鲁、豫和晋、陕的部分地区（后来，果然在河南的焦作等地见识过）。此外，西北不仅“塞外江南”银川平原、河套平原有一些分布，就是在天山南北盆地的边缘地带，也有水稻种植,当然水稻播种面积有限,这两年在上海的大型超市中可见新疆米的身影。于是,冷静思考水稻的种植条件:水稻喜欢高温多雨的环境,前提是高温和水源保证,在我国夏季普遍高温的条件下,稳定的水源条件便成为最重要的影响因子,地处华北平原的天津虽然相对缺水,但只要利用好水源,有比较保障畅通的灌溉系统,这里种植水稻便成为可能。

辽代碑载“幽燕之分,列郡有四,蓟门为上。地方千里,籍冠百城。红稻香粳,实鱼盐之沃壤”,这是关于天津种稻较早的文献记载。明末的汪应蛟受命任天津海防巡抚,屯田种稻,采用的是江南围田耕作的办法,正是此法对天津其后种稻发展起了重要作用。

原产于天津南郊小站地区的小站稻是我国著名的优质水稻之一,始于宋辽时期。据载,为让南方的水稻也能在北方安家,以减少“南粮北运”的负担,到清朝,天津防军提督周盛传引南运河水种植水稻,因灌溉用水中含有较多淤泥和腐殖质,小站稻米品质优良。小站稻在清末一度为皇室的贡米。“白里透青,油光发亮,粘香适口,回味甘醇”是小站稻的特有风味。因为水源的缺乏,小站镇曾经停种水稻达 40 年之久。近些年,小站稻的种植逐步恢复,小站镇 2012 年水稻种植面积达到了千亩,成为小站稻原产地最大的一片稻田。

洛杉矶的芭乐

曾两次到过宝岛台湾,最大感受之一是其丰富多样的水果,价廉物美。印象最深的是一种看上去像梨,口味却介于梨和台湾大青枣之间的水果——芭乐。

台湾导游津津乐道芭乐是本地特产,他们称赞台湾产的芭乐大而甜美。芭乐是一年四季都有的水果,但据说 11 月里的芭乐是最甜美的。于是,未及考证便想当然地认为此水果为台湾特产。

直到有一天,我到美国洛杉矶,当在我寄宿的胡先生家见到所谓的芭乐时,弹眼落睛。胡先生家庭院里栽种有两棵芭乐树,呈灌木状的芭乐树上却结有几十个芭乐果,因为时近 11 月,所以,正是采摘时节,热心的主人在当晚就让我尝到了现摘芭乐,我印象至深:那个芭乐果形如梨，单果重500克左右。果皮薄，黄绿色，果肉厚，清爽香甜、风味独特。我不禁思考：作为热带水果的芭乐，为何出现在了地中海气候区的庭院里，而且长势良好？

随即，我就百度了一番，才有了如下收获：芭乐虽然在台湾岛很有名，原产地却在南美湿热地区，为桃金娘科番石榴属果树，肉质非常柔软，果汁丰富，味道甜美。但芭乐生长条件要求不高，加上几乎没有病虫害，所以，只要气候条件适宜，即种即活，生长良好，一般人都能栽植成功。芭乐几乎无籽，果实中Vc含量特高，还有丰富的Va、Vb、矿物质和纤维质等。现代研究还表明，它具防止细胞癌变、避免动脉粥状硬化、抵抗感染病、维持正常的血压及心脏功能，及减低糖尿病的功效。据说还是一等一的减肥水果，故在港澳台特受欢迎。

位于地中海气候区的洛杉矶，是典型的阳光地带，特别适合各类水果的生长。胡先生在朋友帮助下购得了芭乐小树苗(他的不少朋友家也有种植)，由于气候宜人，生长条件得到保证，没过几年便也肥硕健康，每年给家人"贡献"不少果实，因其果型可爱、肉质细嫩、清脆香甜、爽口舒心，便觉常吃不腻，丰富了家庭生活。

世界真奇妙，吃着吃着，竟然也获得了知识，还真是受用！

崇明的甘蔗

一次，我到包头去参加一个教学评比活动，听了一位青年教师的课，当时他大概说到：甘蔗喜欢生长在湿热地区，在中国主要位于东南和西南等地，如上海就不产甘蔗。……作为地道的上海人，自然感觉对上海还算了解，联系到我毕业以后，每年会带学生到崇明学农，确实目睹过崇明岛有大片甘蔗分布的事实，在课后我就与那位老师交流了包括该问题在内的三个明显的常识性误解。最终还建议老师去查询资料，考虑到他没有亲身经历过，所以也只是提些建议罢了。

过了几天，我收到了他的来信，说到，主要是受大学教材和有关书本知识的影响。他当时给我发了个附件，让我觉得他这么说也许有些道理。"目前，甘蔗主要分布在33°N—30°S间，尤其集中在25°N—25°S

间(年均气温一般要超过17—18℃)。我国的主产蔗区，包括粤、台、桂、闽、川、云、赣、贵、湘、浙、鄂等南方11个省(自治区)。……”(有一位年轻教师阅后这样写道：这个案例，给我很大启发和触动。教育教学不能违背常识。具体问题具体分析，不能死板教条，尽信书则不如无书……——作者注)

如此看来，上海不产甘蔗似乎有据可查，其实不然，崇明特产青皮甘蔗还算得上有历史。崇明的青皮甘蔗一般比红皮的要长，纤维含量高，入口甜度比较适中，且吐出的皮渣比较完整，口中残留比较少，一般不用削皮。青皮甘蔗的食疗方剂颇多：饮服甘蔗汁或者咀嚼甘蔗，能收到清凉醒酒、解毒的功效。燥热口渴、小便赤涩时，将甘蔗去皮后咀嚼，吞咽汁液，可缓解症状。也有专家认为青皮甘蔗还有预防糖尿病、抗癌的作用。

尤其是在市场经济时代，农民经营讲究效益，当水稻产量稳定但粮价不足以吸引农户时，他们便可能改变单一的种植方式，转而从事多种经营。崇明种植甘蔗有历史，但因为地理位置偏北，仅对含糖量而言其质量未必最佳，不过上海人尤其是不少女士是喜欢吃甘蔗的，而糖多又有可能引发肥胖等问题。所以，既能满足口腹之欲，同时又不至于有后顾之忧的崇明青皮甘蔗便成为首选。在经济利益驱动下，崇明农民大量种植甘蔗也就可以理解，既增加了收入，又满足了一定的市场需求，算得上是一举数得。

经历就是一部书，“活到老，学到老”这句话富含哲理。客观而言，人总是习惯于生活在特定的自然条件和人文背景中，固定思维常使脑子里的知识存有局限，以至于孤陋寡闻，所以，需要不断开阔视野，把自己定位于主动的学习者，通过学习提升自己，丰富自己。

生活中时时有地理，处处有地理，地理知识其实就在你我的周围，但我们往往缺少一双发现的眼睛。有时候你我皆感觉意料之外的一个小发现，细细琢磨，往往却又在情理之中。

2013年5月29日

辑四

特长与爱好

我们所有的善，都会回到我们身上

——《环保——生存之道》2015 版说明

这里所说的新版，指的是《环保——生存之道》一书 2009 年版的修订本，由复旦大学出版社印行。

步入 21 世纪，环境问题备受关注。环境问题俨然已经成为关系国计民生、社会稳定、经济可持续发展的头等大事。“改善环境质量，践行生态文明”是一项系统工程，涉及社会生产生活的方方面面，有赖于全社会的共同参与。《环保——生存之道》是编辑团队出于对高中生进行必要的环境教育和理念灌输之考虑于 2009 年出版的。待书正式面世后，这本涵盖若干专题的“重在环保理念和环保践行”的读本，受到了公众的关注和认可，有些地方在干部培训时也把此书作为主要的深度阅读资料。

“山塘人家享农情，依栏遥指彩虹笑。”此等惬意与景致，实乃都市人之心向。现实与理想的差距依然，而追求的行动也已开始。这次，利用新版的机会，对全书进行了必要的修改、补充、完善和订正：根据读者反馈和编辑团队的认真讨论，我们修改了部分专题的名称和内容；根据国家有关标准规范使用了一些引文资料；补充、更新了有关的数据和图表；订正了 2009 年版中存在的一些疏漏或疑问。

本书正文共分八个专题，分别讲述：全球变暖、海洋环境、湿地保护、循环经济、节能减排、环境与健康、环境管理以及生态文明等问题。编辑时力求突出科学性、可读性和实效性，为此，我们在编写体例上也动了一番脑筋，其中引用的图文资料旨在引导读者对相关问题作更为深入的探究，而比较多的“STS”则倡导读者在理性学习的过程中，有积极而可行的实践参与或体验，进而提升读者对于“个人其实就是改善环保的主力军”的认识。

在荷尔德林的名言“人，诗意地栖居”越来越为人们所熟知及向往的时候，面对现实，我们不禁回顾：中国传统的生活方式和人文情怀，这种追求诗性、寻求心灵轻盈与静谧，乃至期盼回归明净无瑕精神家园的思想，可谓异曲同工。十八届三中全会提出“建立系统完整的生态文明制度体系”的承诺。本书作为环境科学和环境保护的普及读本，在一定程度上，希冀公众从道德文化层面关注环境问题，提高全社会的生态文明自觉行动能力。既可作为中学环境类课程的教学参考书，又可供广大环保爱好者和宣教者参考。

有句俗话说得好：我们所有的善都会回到我们身上！在追求并创建“生态文明和美丽中国”的路途上，我们需要用行动回应国人那种追求美好生存环境矢志不渝的情怀。我们坚信，任何爱护环境的举手之劳，必将在明天得到更多的回馈！

编者

2015 年 7 月

学校环境教育要走向成熟

党的十八大提出了建设“美丽中国”的战略目标，其核心之一就是如何处理好人与自然的关系，这也表明了我们的党日益正视环境保护与可持续发展问题。

对于中小学环境教育，我始终有这样一个愿望——使之健康成长并尽快走向成熟。当然，我的这一愿望源自对事实的忧虑：如，报载一绿色学校通过对废物的利用（主要是学校让学生将废旧报纸和废旧塑料袋等做成“时装”，然后进行表演）宣传环保的消息（这样的报道其实屡见于报端），我觉得这与十多年前学校环境教育开展之初的状况相差无几。而当我联系最近两年走访有关“绿色学校”并在与师生的讨论中发现，不少学校正如火如荼开展的环境教育似乎仍然以引导学生节水、回收废旧电池、保洁、环境文艺宣传等为主。笔者以为，这可能会把学校的环境教育引入一个误区，继而可能影响到中小学环境教育的深化与实效。

联系当前国外环境教育的举措，除了注意让学生养成废旧电池与垃圾分类回收、护绿和简单的环境监测等习惯外，中小学环境教育更注重引导学生到自然中去，倡导“在环境中”的教育。国外不少机构（志愿者）为学生提供了具有良好生态的场所，使学生对美好的自然产生崇尚感，并引发学生珍爱自然、回归自然的情感与热情；他们更强调学生“在做中学环保”，比如，德国和瑞典等强调学生从身边做起，但前提是对自己不构成伤害，所以，那些在污染较严重地区进行污染监测的事很少有中小学生直接参与，校方一般对学校节水工作的设想与设计、校园绿化规划与建议、家庭节能、家庭科学装修等实际工作非常鼓励，结果学生主动参与环保的热情大增，学生也对经自己努力后取得的成绩有一种成就感与荣誉感。在国外，有的学校和政府部门还将由于学生的合理化建议而节约的费用奖励给学生及环保社团，此举对学生而言，既锻炼和培养了解决现实环境问题的能力，更强化了自身的责任意识和参与学校和家庭管理的主人翁意识。

美国教育心理学家布鲁纳指出："我们做教师的应该十分强调主动学习，让学生亲自探索事物，让学生主动地发现而非被动地接受知识。"布鲁纳的这个思想，为我们认识环境教育必须与社会实践相结合提供了重要依据。近年来，有关中小学环境教育的国际交流活动日渐频繁，"走出去"、"请进来"的过程中，我们对于环境教育也有了更多新感受，但在落实方面还显得有些力不从心。所以，作为一名有着20年环保热情的志愿者，我更希望有关部门能为学校环境教育创造更多的条件，尽快优化环境教育的环境和师资队伍，放眼长远，严格遵守学校教育"一切以学生发展为本"的宗旨，将环境教育与学生的发展和社会需要结合起来，使中小学环境教育能在比较短的时间内与国际同步，促使它早日走向成熟、成功。

我们站在了新的入口

——《环境与发展》(再版)编写说明

工业革命以来的传统发展模式引发了严重的全球性环境问题。20世纪以来,人类的认识和探索历程,主要经历了工业革命以来的沉痛代价阶段、宝贵的觉醒阶段和1972年联合国人类与环境会议以来的奋起飞跃阶段。人类对生存环境恶化的担忧导致了环境教育的应运而生。环境教育是以解决环境问题和实现可持续发展为目的,以普及环境保护知识与技能、培养环境保护人才为任务,以教育为手段而展开的一种社会实践与教学活动。由我主编的上海市中学环境教育拓展读本《环境与发展》最初于1999年出版,该教材以国际上确立的环保理念为基础,并尽可能地结合上海实际情况对一些热点问题进行阐述,引导中学生养成有利于人类文明和健康的行为规范,真诚地对待大自然。《环境与发展》教材在十多年的使用过程中,销量逾十万册,也一直受到广大读者的关注和喜爱。

中国经过了30多年快速的经济发展,不得不告别以往那种粗放型的增长模式和不合理的产业结构,而今,我们已然站在了新的入口——正处在由旧常态向新常态转换的历史拐点,正逐步迈入以环境保护优化经济发展的新阶段。党的十八大以来,将"生态文明"建设纳入中国特色社会主义事业总体布局,要求大力推进"生态文明"建设,努力建设"美丽中国",实现中华民族永续发展。由于经济发展城镇化建设进程中的环境压力日趋强化,经济全球化带来的环境压力进一步加大,我国依然面临严峻的环境形势,环境问题尚未得到根本解决。近年,新的环境问题的接踵而至，引起了公众的普遍关注，环境与发展面临着新的矛盾。

绿水青山，就是金山银山。环境质量的优劣和每一个人的生产活动、生活活动息息相关，我们要发展，必须积极探索环保新道路。

保护环境，教育先行，《环境与发展》(再版)教材编写组在初版的基础上，积极开展教材的修订工作，旨在与时俱进，紧跟国际和国内环境热点问题，引导中学生接受并形成最新的科学发展理念，并注重培养学生独立观察与分析能力，以切实有效的行动，解决现实生活中的一些环境问题。从自身角度为践行生态文明，实现人地和谐而作出应有的贡献。由此，“水满田畴稻叶齐，日光穿树晓烟低”的美好意境和郊野景致也便会离我们越来越近！

本教材在再版过程中，得到了上海科学技术出版社领导和编辑的大力支持和指导，在此一并对于大家的帮助给予感谢。限于时间和认识方面存在的不足与问题，敬请广大读者朋友批评指正，以便我们完善。

2017 年 9 月

在项目研究中与学生一起发展

发散使人聪明，集中使人成功！——代题记

我们已跨入了21世纪，为全面实施素质教育，培养学生的创新精神和实践能力，转变学生的学习方式和教师的教学方式，教育部在《全日制普通高级中学课程计划（试验修订稿）》中增设了包括研究性学习在内的综合实践活动。为有效地推进研究性学习的开展，2001年，教育部颁布《普通高中“研究性学习”实施指南（试行）》。提出要“从实际出发，积极开展研究性学习活动”。“研究性学习是《全日制普通高级中学课程计划（试验修订稿）》中的重要内容，是全体普通高中学生的必修课。它对于改变学生的学习方式、促进教师教学方式的变化、培养学生的创新精神和实践能力具有重要的作用，各地必须予以充分重视。”上海作为基础教育改革的龙头，在推进研究性学习方面，也走在了前列。

我们认为，要激发学生的创新精神和实践能力，须牢牢抓住课程改革这个核心，抓住教学这个主阵地。我校通过突破创新、先行先试，形成了基础型、拓展型、研究型课程互有侧重，互为补充，融为一体的思路，确立了“以理趣启发学生，以情趣打动学生，以知识丰富学生，以能力提升学生”的人性化目标。

在基础型课程中渗透研究性学习思想和策略，利用拓展型课程为学生的多元智能发展提供保障，助资优学生收获成功。这是复旦系学校一以贯之的理念与做法。在突出“全面而有个性地发展”的基础上，我们开设系列创新课程，强调“研究基础，重在体验，培养学生的科学态度、科学精神与科学方法”,以小课题研究为抓手,营造热爱科学潜心研究的氛围,“为学生服务”、“在项目研究中与学生一起发展”成为许多老师的口头禅。我们还确定工程、数学、环境科学、计算机、社会科学等作为突破口,培养学生具有执着向上的探究精神、超常的悟性、强烈的好奇心、创造欲望与能力等。

我个人认为,中学研究(探究)性学习的推进大致可以分为两步:前几年进行的主要是“补课”,即补原来我们重结果轻过程的应试教育带来的“乏研究”问题;时下进行的是“深化”,欲要推进有效的研究性学习,尤其是面上的整体推进,就必须落实到一线的课堂教学之中,可称之为“载体研究”,旨在鼓励师生从学科教学中发现问题并尝试解决问题,但我们又不能否认,要让学生养成自觉研究的习惯或具有主动探究的品质,对他们进行一定的科学研究指导是必要的。比如,如何科学选题并在海量的信息世界中收集具有价值的资料;怎样发现有价值的问题进行探索研究;怎样进行科学调查和实验;如何形成科学的研究成果;又如何进行作品的展示和评价,使学生明白什么样的研究过程是符合科学要求的,等等。

为了与大学科学探究过程接轨,我们非常重视培养学生树立正确的科学研究观。2000 年起,我们专门在高一年级开设了“高中生科学研究入门”必修课,经过师生的共同努力,绝大部分学生感受到了实实在在的收获。进入大学之后学生反馈,高中的这门课程能帮助他们很快走进大学实验室和教授的课题组,这无疑让师生倍感振奋,也更加大了我们总结经验、改进不足、编写一本教学参考书的决心。可喜的是,当研究性学习在某些地方似乎“热度”不再,而我们仍在坚持,师资队伍也不断壮大,从原先的 3 位教师参与,到 2004 年的 14 位老师共同备课分工教学和指导学生研究。2005 年 7 月,侧重于学生科学素养过程性培养的研究性学习校本教材《高中生科学研究入门》(上下两册)问世。该教材从一个侧面反映我校学生研究性学习及创新研究的水准。一度也受到了来我校学习交流的兄弟学校的关注和厚爱。在接下来的 5 年中,有 10 多所学校曾把它作为开展研究性学习的指导材料,看来呈现给大家的是一份真切的“学以致用”的标本。

客观而言,创新无止境、探究无极限,学问和研究如同爬山,不能以为爬上一座山就到达了终点,只有当我们爬到下一座山,才会明白之前的那座山也许只是起点而已。所以,我们 2005 年的工作,只是在奠基而已,基础教育和同学们的创新探究之路,同样还很漫长。基于对研究性学习认识上的提升,也提示我们迈向卓越,2010 年 7 月,我们推出了《高中生科学研究入门(修订版)》。一方面作了必要删减,由过去上下册整合为一册,优化了全书的结构,关注并提升了该书的科学性、可读性;另一方面根据科学研究的发展进程,特别增加了"测量"和"知识产权与专利"等章节,使教材更实用,也受到了师生的喜爱。

中国科学院院士沈文庆曾说过:"让学生掌握科学研究的过程比单纯的学习科学知识重要得多。"回望个人及团队 15 年的科技创新探索之路,在科技创新中凸显的教育价值正是我们最大的欣喜。时间又过去了四年,2014 年下半年,我所在的复旦二附中第二届校外科技导师团队亮相了,首届校内科技导师团队也随之产生,当这些沪上的研究(探究)性学习领域的专家走到一起时,编写旨在帮助师生提升科学研究成果质量的指导书便成为共识。于是,由我主持,整合了 20 位骨干的编辑团队从科学选取素材——学生科学研究成果开始,再进行必要的点评和提升指导,经过约一年的努力,《中学生科技创新学术论文指导——春在枝头已十分》定稿并由复旦大学出版社出版。近期,这本书又成为复旦家族 7 所初中成员校共同使用的校际教材,甚幸!

纵观全书,我们希望实现这样一个目标:让更多的学生规范科学探究过程,让更多的一线教师参与青少年科技创新指导。而导师们对涉及十多个门类的科学论文的批注,也是基于长期对创新大赛项目的指导与研究之感悟。"我们力图用一种全新的叙事方式将指导过程辑录成册,这既是近年来学生在创新大赛中累累硕果的见证,更是教育者在科技创新指导之路的跋涉印记,平实的文字记载下我们执着的思考与探索,也吟诵着我们痴迷的坚守与浪漫的希冀。"

中学生开展课题研究是学生主动获取知识、应用知识、解决问题的一种学习方式。学生参与研究(探究)性学习,能够获得亲身参与研究探索的体验,能够锻炼发现问题和解决问题的能力,能够增强收集、分析和利用信息的能力，能够增强对社会的责任心和使命感。该书的出版，也旨在提醒教师和资优学生要能在开放的情境中主动探索、体验，在愉快的生态中自主学习，提高能力。

我们今日关注学生的创新精神和创新能力发展，同时教师也将得到很好的发展机会。这样的平台，也许能为自身的发展提供与众不同的新天地。所以，让我们携起手来，崇尚科学，通过项目研究，与学生一起发展。让科学的精神永存，让创新的智慧闪光！

辑五

阅读与行走

阅读提升质效

2017 年春节前夕，我在云南大理州永平县结束公差活动后，与几位同事途经昆明转机。顺便拜会了云南大学出版社蔡红华副社长，虽是冬日，却阳光明媚，其乐融融。其间，有感于我所作的《安宁行走小记》，出于职业习惯，她建议我在云南大学出版社出版一部情系云南的个人作品。还记得当时她给我说了两点理由，其一，自 2012 年起，国务院扶贫办和教育部确定由复旦大学定点帮扶永平县。也就是从那时起，复旦二附中开始不遗余力地支持当地基础教育工作，包括教师培训、交流、捐赠等，而我作为此项帮扶工作的践行者，几乎每年都要挤出有限的时间，奔赴滇西。其二，蔡社长和我于两年前在复旦认识（2014 年秋季学期，云南大学组织部选派她前往复旦大学参加“西部受援高校教师和管理干部进修锻炼”项目，她到复旦大学出版社学习，挂职副总经理），结下了复旦同仁的友谊，而她客气地说，自己远在边疆做出版，希望在出版资源上借得人脉和暖风。我欣然接受，大家也提议围绕游记、诗文类的内容和体裁展开写作。

我在仅时隔昆明道别后 19 天，回复说打算在云南大学出版社申报选题了，不是诗集，而是一本读书心得，书名拟定《悦，读自在》。蔡社长为此欣喜万分，同时，也很好奇——一个理工男，该不会真写出本冷冰冰的读书笔记吧？时间在她疑惑的等待中流走。10 天后，选题表发过去了。又过了 2 天，书稿也发过去了。同时，我向蔡社长提了一个要求：帮忙写个序言。蔡社长当即回复我：“书稿收到并已大致浏览了一遍，架构合理，言之有据，语言和情感透着满满的正能量。在中华民族实施文化强国战略的大背景下，读者需要这样的好书！我会加快出版进程。序言之托让我有些惶恐，衷心感谢厚爱和信任！您的大作应由年长于您的大家作序，使本书的营销宣传可以借力使力。此乃肺腑之言！”我随即一连回了她两句话：“您也写一个，我再请上海朋友写一个好吧。”“序言可以两位写的，文字方面你再帮忙完善推敲一下哦，谢谢！”面对“海派”的儒雅之气，社长也是盛情难却。于是，便有了今天这本《悦，读自在》的小作品。

新书推出，是一定要感谢“贵人”相助的，这里，还要提提我的附中校友兼《新民晚报》首席记者邵宁老师。我其实是很晚才邀请邵宁老师作序的，想不到她在百忙之中以最快的速度完成了任务，还主动为本书写了推荐文章《读书思考，校长情怀》，令我深受感动，这里，我也把她的推荐作为今天签名赠书活动的广告！

我和杨士军是同龄人，因复旦大学附中而结缘。每次见到杨校长，他都会送我一些书，有他主编，有他所著。几天前当我收到这本散文集《悦，读自在》的样书时，更是惊叹于他的勤奋和才华。

这本书汇集了杨校长的阅读笔记，大部分文章是2015年以来写的。移动互联网的到来，使阅读变得碎片化，而杨士军在繁忙的工作之余，依然手不释卷。事实证明，无论何时，坚持读书，都会给人以长久的滋养。

作为一位从教20多年的特级教师、上海名校的校长，杨士军从来没有停止过思考，他的思想不仅体现在办学理念中，也体现在了这本书的字里行间。

值得一提的是，这本书的第一部分“榜样”，既是读书笔记，又是散文，写的是杨士军熟悉的前辈和同行。张大文等名师的故事，在杨士军笔下娓娓道来，他们对教育事业的挚爱和鲜明的个性跃然纸上。

时下，教育受到前所未有的关注。如何保持定力，给孩子更宽广的教育，读一读杨士军的这本书，或许会有新的领悟。

听罢这则推荐稿，我想大家一定跟我一样，心里暖暖的，因为，我们所有的善，其实都会回到我们的身上。我和邵老师，其实也是时间给予了我们积淀得最好的关系。而今，浮躁的心态加上短视的目光，甚至让整整一代做父母的深陷集体焦虑之中，中小学教育工作者也承受了前所未有的压力。为此，我们需要暂时的解脱，寻一片静谧之处，做一番心灵洗涤。法国思想家布莱兹·帕斯卡尔说过，“人是一根会思想的芦苇”。阅读可以与智者对话，更有利于启发我们的思考，进而迸发出绚烂的思想火花。阅读，更重要的是内在的、精神的需要，人由内而外，因书而美，才是至美；一个人的阅读史就成为一个人的精神成长史。

客观而言，我平时阅读还是带有一点小小的功利性的，因为我觉得可以由此助力管理、提升绩效。所以，几乎每天坚持的二十多分钟阅读，相当一部分书籍，是与教育有关的，如《成功无捷径：第56号教室的奇迹》、《芬兰道路——世界可以从芬兰教育改革中学到什么》、《没有围墙的学校》、《老师，你会不会回来》等。我被美国小学教师雷夫所感动，被他的“永远不要失去对孩子的关注”、“和孩子们站在同一起跑线”等理念所吸引，徜徉在理想的“教育国度”中；我会对照芬兰30年教育的转变发出追问：我们的课堂到底是给孩子太多了还是太少了？我们是否真正唤醒了教师和学生内心深处的教与学的欲望？而阅读，也让我对于基础教育有了更理智的思考与体会，并且一以贯之地践行。比如：“教育不是让孩子们在成长路上多一道限制的门槛，而是要努力给孩子们多一点发展的可能性，为其未来的发展奠基。”“教育必须给人们尊严和自由。”“你我都是创造的生力军。”等等。

渐渐地，宏大的舞台搭建起来了，炫目的灯光照射过来了，嘹亮的音乐也奏响了。作为校园阅读推广者，今天，我牵着新作——《悦，读自在》的手，迈着坚定而自信的步伐，恰逢其时地登上了阅读的舞台，为诸友讲述阅读教育的故事，分享我的阅读心得，试图触碰大家的心灵，开启一场与佳作的美丽邂逅……

徜徉于本人作为作者建构的精神花园的一隅，家国情怀、专业情怀、人文情怀油然而生，这种努力追求的“宽广的胸襟和全面的素养”不断催生着自己的精神家园百花绽放、瓜果飘香。本书能在极短的时间里呈现在诸位面前，同时也带给我更多启示与期待：作为一位理工男，只要有兼济天下的灼热情怀，其灵魂深处就会打上厚实斑斓的精神底色，构筑起不朽的精神殿堂。感谢大家一直以来对我的教育理念的理解和支持，也愿我们不断因为阅读而成长，因为阅读而更加充实！

2017 年 8 月 6 日

地理课堂教学的范本

——读《转型的地理课堂——基于资源的学与教》有感

年初，前辈、上海市地理特级教师赵才欣老师送我一本他的新作《转型的地理课堂——基于资源的学与教》，手捧新书，倍感温馨。因为赵老师可谓我从教中学地理的引路人，我最早认识他是由于他作为上海市教委教学研究室地理教研员的身份，他在指导全市中学地理教育教学工作的同时，对于环境教育尤其重视，那时我也是环境教育的积极实践者、参与者，他给了我不少锻炼和学习的机会，可以说，我目前对于环境教育方面的些许进步，与赵老师的提携有很大关系。后来，赵老师成为"市教研室"的副主任，从专职地理教研到三大类课程整体教研的宏观设计和教育发展顶层设计，赵老师尽职尽心，不仅让上海市的基础教育教研更符合发展方向，他自己也成为全国有名的教育教研专家。于是，我能在不同场合听到他的高见，诸如"如何面临课堂教学的转型"、"教学教研如何迎接数字化时代"、"如何整合资源助力学科教学"、"什么是新课堂"、"'在环境中'的环境教育"等，每一次聆听，都受益匪浅，回顾本人的成长与进步，我真为有这样一位德高望重的前辈的引领而自豪，与赵老师结识，甚幸！

赵老师经历丰富，曾任上海市建平中学副校长、上海市教育委员会教学研究室副主任，教学实践、教育管理和教育研究兼长。他兼职也较多，中国教育学会地理教学专业委员会常务理事，上海市教育学会地理教学专业委员会常务副主任兼秘书长，这使得他具有较高的教育视野和前瞻的教育理念。我曾读过赵老师不少专著，皆体现出赵老师的智者风范，如《有效教研——基础教育教研工作导论》、《如何备课》、《初中学校教育评估指标研究》等，每次都意犹未尽，感触颇深。比如说谈教学评价，他认为好的教育要具备以下几个方面：保持好奇，创新思维；追根揭底，问题探究；联系实际，学以致用；文理兼顾，科艺并重。赵老师更关注地理课堂教学的转型和质效问题。今天，眼前的这本《转型的地理课堂——基于资源的学与教》就是作者在思考了当前信息革命和生态文明等外部因素和地理学科发展的内部因素影响下，认准地理课堂的转型是一种时代必然，而认真写就的。他认为："整合各种课程资源，实施以学定教，是新地理课堂的科学选择。"

赵老师根据地理课程教学可利用的资源，将地理课堂分为 7 大类：反转的常态课堂、创新的实验课堂、鲜活的校园课堂、无界的"云"课堂、多样的博物馆课堂、精致的园林课堂以及真实的野外课堂。在他提出的每一类"课堂"中，他先向读者展示相应的地理资源，带领读者了解哪些资源可以被地理课堂所用，再是从地理学科教学的视角解读这些资源，以让读者了解这些资源与地理学科的相关性。接着向读者呈现一些基于这些资源的教学设计和教学案例，可以说是完整地向读者解析了地理课堂该如何转型、转型的地理课堂是什么样的。由此，处于新课程改革关键节点的当下，无论新老教师，该书都可以成为重要的参考或教学范本。

作者观点鲜明：地理课堂应从传统教室的围墙里突围，建立"地理大课堂"，回归地理学科本原的学习方法。而这个"转型"，应是包含着目标、内容、过程、结构、管理、评价等要素的完整系统，教师要打开视野，开拓地理课堂转型的新道路。

这里，我们不妨以书中提及的两个新型课堂为例：鼓励学生走进真实的野外课堂，回归大地学理。可以在落实"综合实践活动"的专题教育中渗透地理学科的实践学习。包括"东方绿舟"那样的"户外教育营地"，利用暑期的远足。学生均可与"大自然"结缘，以"真实"为基础，体味"大地的学理"。师生探索实践跨界的"云"课堂，迎合数字时代。建立信息化课堂形态：学习内容从印本转向"电子书"，"教材"变为"学材"；学习方式由集体统一授课转向个性化学习；借助地理信息系统

(GTS)的平台实现跨地域、跨时间的开放式交流学习等。

于是，我们不难看到赵老师对于“大地理教学观”的整体构想和实践思考，这对于不少教师把地理课堂囿于常规教室，教学中局限于抓考点等，更是一种及时而善意的提醒。事实也将证明，这是一种高瞻远瞩的地理教育观，能促进地理学科核心素养的落实及学生的全面持续发展，真正做到使地理教育面向未来。

前几天，上海书展如火如荼进行中，我的一位同事发来一则微信，我看到颐合文化推荐发布“上海书展：教师不可不知的 10 本教育类图书”，赵老师的这本《转型的地理课堂——基于资源的学与教》名列其中，可见，基础教育界对于此书“对地理课堂的全新诠释，凸显地理科学的育人价值”的评价的确实至名归。如此，这本被赵老师认为是“被鼓励的‘无心插柳’写就的书”，成为中学地理教师的案头书也应该是情理之中的事了。

“生活里没有书籍就好像没有阳光，智慧里没有书籍就好像鸟儿没有翅膀。”莎士比亚借助如此诗意的语言劝告世人要懂得阅读。我们中学地理教师需要立足专业，文理兼修，阅读积累。通过阅读本书，我对于地理课堂给学生提供的“资源场景”之宽广，也有了更新的认识，而这些突破教学时空的革新思路，如果能够及时地化为实践，我相信地理学科的教育价值也定会有更大力度的提升。

（赵才欣：《转型的地理课堂——基于资源的学与教》，江苏凤凰科学技术出版社，2015 年 12 月第一版）

集门票学地理

作为一名中学地理教师，自然深谙“读万卷书，行万里路”之理，所以，工作伊始，就爱上了旅游。往往是每到一处，饱览大好风光后，总忘不了把各景点的门票收集好，时间一长，也便积累了不少。这些不经意间留下的“痕迹”，不仅是人生游历中的一大凭证，而且丰富了本人的地理教育教学素材。闲暇时，每每翻看，脑海中的旅途印象如同重放之录像，清晰地浮现于眼前，有时候还会因为感慨良多而产生一种提笔写游记随笔的冲动（如拙作《门源花海印象》、《依恋诗意的泸沽湖》等便是在这样的环境状态下写就并发表的）。

其实，门票天地包容着一个绮丽的世界。不仅以其多变求异的精心设计和特殊材质引人注目，更以其繁富的内容吸引着我，锦绣山河，民俗风情，珍稀文物，孤本书法，绘画篆刻，尽显其中。从材质上看，最常见的门票当属纸质印刷品。而采用最多的形式当属彩色摄影，把最具特色的风景名胜画面印于门票上，如安徽的“天柱山”、上海的“大观园”、河南的“龙门石窟”、西藏第一座宫殿“雍布拉康”等，由此，使你一券在握，便已身临其境。

诸如河南开封府、内蒙古昭君墓、广州黄花岗公园、浙江丰子恺故居等处的人文景观的门券，设计上可谓匠心独具，不仅庄重肃穆，富含纪念元素，还让人联想到先人们的丰功伟绩、人格魅力。也有的门票是采用书法绘画艺术形式，具有极强的针对性，像江西“滕王阁”的参观券就书有《滕王阁诗序》，沈阳故宫博物院的门券以国画形式呈现，上海“锦江乐园”门票则以儿童画为设计基调，上海老城厢的代表“豫园”则采用线描手法，绘上了豫园全景，赋予其典雅的民族风格。

20世纪90年代开始，插上高科技翅膀的磁卡门票，则陆续在一些热门观光景点推出，如秦俑博物馆、张家界、云台山等，有的成系列套票，有的为联票、年票等。近年，又有“大昭寺”、“卢布林卡”等3D门票横空出世，吸引着门票收藏爱好者的眼球。

在收藏界，也许门票并算不上啥“玩意儿”。然而，在我或者某些人看来，有不少门券集美术、书法、摄影、对联、诗词为一体，加之设计新颖、制作精美，本身乃一件艺术品，收藏它们，不仅能为家庭增添一些文化味道，提高自身的修养品味，而且还能丰富知识增长阅历，起到特殊的教育作用，而其纪念意义更是令人获益匪浅。

旅游门票的收集，无意中也丰富了本人拓展类课程开设的内容，如在“中国旅游”课中，我会特地将收集的地图和门票给学生分享，一券一故事，在我娓娓道来的愉悦过程中，增进了学生对祖国文化和世界景观的了解，也在一定程度上缩短了师生距离，加深了师生间的友谊。前几年，有幸教授韩国班和复旦大学预科班“中国概况”课，中国旅游部分是学习和考查的重点内容之一，为了加深留学生的中国情结，我总是在课堂上不失时机地展示中国地域文化和各种奇异的自然风光，门票由此也成为良好的沟通和交流的纽带，许多同学也在课余时间把“行走中国”作为他们深入了解中国文化的必修课。有一位学生受我的启发，也开始收集一些中国门票，并寄给韩国的亲朋好友，我也把一些门票送给她充实，不经意间，门票已成为国际交流和理解教育的载体，为此，我感到欣慰。

欣赏门票，实为我教学之余的休闲乐事，尤其是在夜深人静时，于书房翻出这些大小不一、色彩纷呈的“宝贝”，重新整理、回味一般，恰似故地重游，思绪也会随着浙闽丘陵烟霭濛濛的春雨和东北平原漫天飞舞的雪花一起飘逸。仿佛才出云海缭绕的黄山仙境，又入小家碧玉的亭台楼阁。眼前要么浮现出长江三角洲地区的小桥流水人家，要么畅泻的是内蒙古东部锡林郭勒大草原上的皎洁月色清风；要么澎湃着浙江钱塘江的壮观潮水，要么感叹于云南虎跳峡边的惊涛骇浪。

情到深处，我不禁会想起苏轼的那首充满禅意的《庐山烟雨》诗：

“庐山烟雨浙江潮，未到千般恨不消。到得还来别无事，庐山烟雨浙江潮。”那种对千里之外情境的细品慢赏，恰如品明前之特选龙井，颊齿留香，意犹未尽！

有效落实社会实践活动，“行走”系列促进学生成长

——复旦二附中学生“研学行走”实践

《国家中长期教育改革和发展规划纲要(2010—2020年)》中提出，开展社会实践，对于让学生深入了解国情、民情，了解经济社会的发展，使其从书本中、课堂上学到的知识在实践体验中得到印证、得到升华，增进学生对中华民族优秀文化的切身感受，对党、对祖国、对人民的真挚情感，培养学生的社会责任感、创新精神和实践能力，具有重要意义。笔者认为，除了把创新精神、社会责任感作为学生素养培育的源动力之外，《纲要》更是在为我们彰显人文精神对于整个时代的价值。人文精神是一种普遍的人类自我关怀，表现为对人的尊严、价值、命运的维护、追求和关切，对人类遗留下来的各种精神文化现象的高度珍视，对一种全面发展的理想人格的肯定和塑造，而这些构成了我们“行走课堂”的知识体系。

教育不是百米短跑，而是一场接力赛，也是每个坚守的教育者从青春韶华到桑榆暮年的修行，教育者根植于民族文化土壤，秉持着健康积极的人生观、哲学观和美学观，引入西方知识体系和逻辑范式，让我们的教育焕发令人欣喜的异彩，为学生开启一片灿烂晴空。2005年，复旦大学——国内高校通识教育的先驱，开始从漫长的历史积淀中升腾，昂首阔步地引领了时代的潮流，开创了教育的新纪元。作为复旦子弟学校的复旦二附中，更是在敦厚的复旦文化浸染里成长，“励精图治”，尝试在初中阶段渗透通识教育的教学理念，将高校资源与素质教育融为

一体，在基础教育阶段别立新宗。学校对通识教育理念的解读是“重德育体验，重创新实践，实行有宽度的教学，培养全面的可持续发展的人才”。学校在创新人才培养模式方面，注重知行统一，充分利用社会教育资源，开展各种课外、校外活动，引导学生把学习科学文化与加强思想修养统一起来，把学习书本知识与投身社会实践统一起来，把实现自身价值与服务祖国人民统一起来，把树立远大理想与进行艰苦奋斗统一起来。学校提出了相应的举措，即“五个多”的教育理念：读的书比别人多，听的讲座比别人多，参观访问比别人多，参加的社会实践比别人多，经历的创新活动比别人多。

“知行统一，全面可持续发展人才”的通识教育理念作为复旦二附中实施素质教育的核心理念，与学校坚持多年的“五个多”结合，使得学校的教育教学质量稳步攀升，我们培养了一批素质全面、学业优异、自主自信的学生。更让人欣喜和骄傲的是，他们具有可持续发展的后劲与潜力，这将成为他们的终身发展的不竭源泉。

这里，着重谈谈学校在通识教育背景下如何践行“五个多”里关于“行走”的策略，分享学生在社会实践、“行走”活动中成长的体验与收获，也进一步诠释如何通过“行走”，培育学生的人文情怀。

一、改革传统春秋游活动，替代为“行走基地、亲近自然”分层递进的体验活动

2016 年 12 月颁布的《教育部等 11 部门关于推进中小学生研学旅行的意见》指出：开发一批育人效果突出的研学旅行活动课程，建设一批具有良好示范带动作用的研学旅行基地，打造一批具有影响力的研学旅行精品线路，建立一套规范管理、责任清晰、多元筹资、保障安全的研学旅行工作机制。

而复旦二附中早在 2015 年伊始，已经致力于提高传统春秋游活动的实效性，学校群策群力、整合资源、科学设计，与有关单位合力达成教育协议，推出了分年级分层次的“行走基地、亲近自然”系列社会实践活动，以“学生综合素质培育基地”为主题的“行访基地”实践课程，组织学

生进入与我校签约的“学生综合素质培育基地”进行参观、互动。准备阶段：教师带领学生通过回顾历史资料、网上查阅、采访基地工作人员等方式事先了解基地。发展阶段：走进基地，通过摄影展、文学写作体验所到访的基地风貌、特色。评价阶段：探访评估，以合作学习方式，分班级分年级进行多层次的学生交流，感悟活动，提升教育效果。“行访基地”实践课程目前虽只推行了一年多，但进一步开阔学生视野、创设适合于学生的开放式学习环境，弥补了学校课堂教学的不足，使学生养成敏锐发现问题、主动探知求解、积极解决问题的高效能学习方式，培养学生的创新思维精神和实践能力，提升学生的思维品质，让学生在社会实践中感受科技和艺术等各类人文形式的魅力，激发学生的自豪感和爱国热情，唤醒学生潜在的人文情怀，在知识长廊与山川风物的变换和交融中铸造乐学博爱、从容大气的人格精神。

感恩每一个与我们孩子共同成长的家长和社会群体，在他们的支持下，我们的素质教育实践基地包罗万象，有科研单位，有武警部队，有大型国企，也有街道社区……这些基地资源，从空间维度上提高了春秋游活动的效能，很好地弥补了学校教育资源的不足，受到了孩子们的欢迎，真正实现“给学生更宽广教育”的育人理念。

这里，以 2016 年 11 月 11 日的秋游活动为例，我校将活动内容调整为：

年　级	时 间 段	行走基地	亲近自然
六年级	7:45—16:00	国家产品质量监督检验中心	嘉定汽车博览公园、汽车博物馆
七年级	7:45—16:00	上汽通用汽车有限公司	滨江森林公园
八年级	7:45—16:00	中国极地研究中心	长兴郊野公园
九年级	7:45—16:00	海军博物馆	顾村公园

二、利用丰富多样的科普基地、德育场所，推行《行迹上海》手册，寻访城市足迹

在新课程改革背景之下，培养学生认知、感悟世界和体验人生的能

力，这样的教育才具有人文生命力。于是，通过行走体验，以自己独特的视角来看待世界、理解生活，用自己的心灵去触摸并解读真实的人生，让他们在思考和辨析中发现自我，张扬个性，感受探究的乐趣，从而实现创造性探究。学校推出了以“寻访城市足迹，感悟城市之美”为主题的“行迹上海”实践课程，鼓励学生从自身所处城市开始，对上海进行寻访、探究，进而提高学生视野的宽度和视角的广度，从而更加热爱上海这座充满内涵和活力的城市，做一名合格的上海市民。学校精心挑选了适合中学生年龄与知识层次的近 60 个实践基地，利用学校学生成长委员会的丰厚资源，在科学规范的理论指导下，依据学生心理认知规律将它们整理成 6 大模块：科普教育系列、艺术教育系列、近代工业发展系列三大知识系列和爱国主义教育系列、民族文化教育系列、公民教育系列三大德育系列。学生在复旦二附中成长的初中四年间，每学期可根据自己的兴趣，利用节假日，在家长义工参与下，以小队为单位寻访实践基地 4—5 个，并和同伴分享感悟。每学期学校定期组织“行迹上海”活动交流展评并邀请专家对活动进行指导。这两年，我校参观各实践基地人数超过六千人次。《行迹手册》留下的是学生寻访活动的足迹，记录的是学生每一次行迹的体验和感悟（参观—了解，记录—感悟，交流—分享）。如学生在参观“1933 老场坊”后写道：这次参观，看到了以生活方式、创意为核心要素，融时尚、创意、设计、休闲为一体的“1933 老场坊”，这似乎并不“老”，但也因为这个“老”字，更给人震惊和喜悦。这样的实践课程加深了学生对上海这座国际化大都市的历史、文化、未来的认识，培养了学生热爱家乡的情怀，让孩子对城市的发展和建设也多了一份理性的关照。

2015 年，学校的“行迹上海”实践课程已与上海市教委、上海校外联主办的青少年校外活动平台“博雅网”开展深度合作，依托博雅网“溜达”板块开拓“行迹上海”主题活动的新内容，开发利用网络德育资源，在博雅网站开辟“校级场馆主页”，通过线上线下互动式学习方式，尝试德育工作新途径，力求将人文教育与学生兴趣、现代互动体验紧密结合。

目前，《行迹上海》手册已推出 2016 新版，探访的课程要求和设施途径、评价激励方式等均在不断优化发展中。我们发现，这一系列活动，已无意间成为不少家庭的主要亲子沟通方式之一。博雅网也把学校的“行走上海”课程作为重点试点项目。这个案例再一次论证了行走课程建设的感染力和盎然生机。

三、互融复旦家族学校，协作共进，建构系列化国内“行走的课堂”社会实践教育课程

明末画家董其昌的《画禅室随笔》中语云：“读万卷书，行万里路，胸中脱去尘浊，自然丘壑内营，立成鄄鄂，随手写出，皆为山水传神矣。”古代先贤哲人倡导读书和行走是一种朴素而深刻的人生哲学，这种例子比比皆是，不一而足。学校认为，读书以慧心，行路以晓情，缺一不可，二者结合方可圆润。学校坚持与国内兄弟学校进行跨地域、跨文化交流，创造条件让学生浸润其中，深入了解风土人情和社会民情。目前，学校已经形成的国内行走课程系列有：

项　　目	游 学 地 点	人数/次	时间
预备年级	浙江义乌望道中学	35 人左右	6 月份
初一年级	山东临沂实验中学	35 人左右	4 月底
初二年级	宁夏西吉平峰中学等 青海门源一中、二中	25 人左右 25 人左右	5 月上旬或 7 月上旬
学生干部夏令营和学生峰会	浙江温州苏步青学校 江苏丹阳马相伯学校 宁夏西吉平峰中学等	40 人左右	7 月上旬 10 月下旬
传统文化践行活动	山东临沂实验中学 江苏靖江实验中学等	30 人左右	7 月上旬

以“与同龄人携手共进”为主题，注重实践体验的“行走课堂”实践课程，鼓励学生走出校园，走向更广阔的天地，涉足更丰富的领域，多见识、多历练、多体验，“行而后知”。在丰富的实践活动中锻炼自理能力，增强集体意识，培养学生对他人、对社会的责任感。

学校自2007年起，先后与云南、贵州、宁夏、青海、山东、浙江等地9所学校间建立了合作联盟，通过师生间的交流活动，加强教育交融，促进教育共同发展。2014年底学校向杨浦区申报了专项并获得支持，目前“行走课堂”延伸到各地并已形成体系：预备年级行走浙江义乌，初一年级行走山东临沂，初二年级行走青海门源和宁夏西吉，学生干部行走宁夏西吉、云南永平等。

学校的“行走课堂”，不是走马观花，而是实践体验：通过学生之间手拉手活动，引导两地学生在学习和生活上互相帮助，形成积极、丰富的人生态度与情感体验；通过开展形式多样的教育教学活动，深化师生的感情和交流，促进教育的共同发展；通过家长的交流，传递科学的家校合作理念和科学的家庭教育观。为此，教育部相关部门还在2015年上半年对我校进行游学行走专题调研，市教委德育处等部门也把我校作为研学实践的先行试点学校。

四年来，超过760人次的学生、42位老师、19位家长参加过“行走课堂”，已接待来自山东、浙江的研学师生20批共300多人次。目前，我校的“行走课堂”实践课程已经辐射到复旦基础教育集团内的其他成员校师生，共赴成长之路，共话感悟之旅。

《教育部等11部门关于推进中小学生研学旅行的意见》中指出要秉承“创新、协调、绿色、开放、共享”的发展理念，落实立德树人根本任务，帮助中小学生了解国情、热爱祖国、开阔眼界、增长知识，着力提高他们的社会责任感、创新精神和实践能力。结合国家对于学生社会实践活动和游学活动的重视程度，学校拟在2017年新增行走点：云南永平、贵州松桃民族中学、河南新乡平原外国语学校等。并拟以江苏泰州诸友好学校为基地，从2017年春季开始，在初一年级进行全年级研学浸润试点，保证学生参与学校组织的国内行走一个不能少。

四、开展跨地域、跨文化浸润活动，增进国际交流，胸怀家国天下，培育人文情怀

学校的“行走计划”还涉及：走向新加坡、澳大利亚、加拿大、英国、

美国等国家。这里,复旦大学精神的传承和复旦文化的影响,让学生们深深体悟到互融共进的美好愿景。课程涉及的立体化德育体验活动丰富多彩,开阔视野的同时,更坚定学生为国奉献、为人类文明担当责任的信念,培养其胸怀天下的精神与人文情怀。

目前,学校已形成的国外游学项目有:

项目	地点	参与学生所在年级	时间
澳大利亚	Balwyn High School 和 The King School	初二	2016 年 1 月
加拿大	Collége Sainte-Anne de Lachine	初二	2016 年 1 月
英国	Christ's Hospital School	初二	2016 年 7 月
新加坡、马来西亚	南洋女子学校和槟城钟灵中学	各年级学生干部	2016 年 7 月
加拿大	Collége Sainte-Anne de Lachine	初二及部分初一	2017 年 1 月
澳大利亚	Billanook College	初二及部分初一	2017 年 1 月

有学生家长来信感慨:学生参加游学活动,好处不言而喻。不过由于存在一定安全隐患,容易使学校畏首畏尾,不敢组织此类活动,但复旦二附中没有因噎废食,仍然整合资源、取得支持、科学组织、敢于担当,足见胆略与智慧!学校在这样一个背景和压力下,组织此类活动,绝不是冲动和蛮干,每一次都用心策划、殚精竭虑,上到方案制定、课程落实、报备审批,下到饮食起居、医药卫生和心理情绪,每一个细节都充分考虑到位,足见其用心之切!

我们需要思考,何为真正的教育?真正的教育重视的是对学生的养成教育。因此,学校需要注重引导学生积极参加各类社会实践活动,让学生接触社会、了解国情,观察、倾听、思考、分析甚至动手实践,使外在教育内化为学生自我发展的强大动力,在自我发现、自我提高中培养良好情操和意志品质,有益地弥补了家庭教育、学校教育、社会教育的不足。学生在实践中潜移默化地培养创新精神,提高思维品质,增强社会服务意识，树立正确的世界观、人生观和价值观，真正达到教育的目的——这是时代赋予学校的历史使命！

立足于挖掘课程本源的潜在价值，并结合书本知识开展社会实践活动，已然成为我校推进义务教育均衡发展的重要举措及不断丰富教育内容的主要途径。“教育是人的灵魂的教育，而非理智知识和认识的堆集。”如果学校只重视教授知识，只重视学生的文化学习，就不是真正的教育。下一阶段，学校还将进一步加强学生社会实践校内外指导教师的队伍建设；高度重视学生参加社会实践活动的安全问题，做好安全防范预案；探索并优化建立开展社会实践活动的经费保障机制；构建并完善学生参加社会实践活动的评价机制，使社会实践活动真正给予学生无穷的教育资源和精神审美之愉悦。

在课程改革浪潮里，在各种全新理论冲击下，教育工作者必须有魄力和担当，始终坚持自己应该具有的道德情操和精神追求，同时，也需要一种睿智和从容，亲切地等待着孩子们的成长，陪伴着他们慢慢地行走，为他们延伸濡染启智、审美怡情的空间，将最美的东西呈现给我们的孩子。

于是，一路风雨一路歌。

“五个多”助力学生健康成长

近年，复旦二附中在推进素质教育方面的切实作为，使得学校的教育教学质量稳步攀升，学生培养也受到了基础教育界的关注及社会方方面面的点赞。在我看来，二附中的孩子素质全面、学业优秀、自主自信且具有持续发展的后劲与潜力，显然与学校坚持多年的“五个多”有关。

2005 年，复旦大学率先在国内高校中推行通识教育，这给复旦附属学校及时提了一个醒，那就是：教育不是百米短跑，而是一场接力赛。因此，所有的教育教学活动的开展均需要遵循学生身心发展的规律，一切按教育规律办事，于是想到了要进一步推进通识教育理念，何况，在二附中实践通识教育观具有得天独厚的条件。我们对于在初中渗透通识教育的进一步的解读就是“重德育体验，重创新实践，实行有宽度的教学，培养全面的可持续发展的人才”，相应的举措即“五个多”：读的书比别人多，听的讲座比别人多，参观访问比别人多，参加的研学行走比别人多，经历的创新探究比别人多。

读的书比别人多　“知乐莫如读书”，学校重视书香校园的建设，努力成就孩子们成长的“卓越之路”。在二附中，预备年级和初一年级目前有三位教师给学生上阅读必修课，鼓励学生每天花半小时左右的时间读读、写写、议议，主张让自觉阅读成为学生相伴一生的好习惯，此举已坚持了十载。由此我们也发现，许多孩子把阅读当作一件快乐之事，一种不可多得的享受，而他们的阅读量比同龄孩子多出了 1—2 倍左右（我们保守估计初中 4 年二附中学生课外阅读量不少于 1 000 万字）。

2013年初，学校对原有课程作进一步的改进与提升，极大地优化并丰富了阅读平台与素材，提出并实施“立体化阅读”的课程计划。与之配套，形成了联合项目组，在充分酝酿及试点的基础上，2014年7月又推出《学生阅读论证手册》，此举旨在进一步鼓励学生利用业余时间多读书、读好书、好读书，为个人成长奠基。

听的讲座比别人多　二附中周边大专院校资源丰厚，据我所知，80年代以来，我们坚持给学生请专家作讲座，以丰富学生的视野与经历。到2006年，区教育局把它吸纳为全区的拓展课程“漫游星空”，此举惠及杨浦区域内的初中学生。我们选择专家作讲座时，力求顾及知识结构的宽度，正如王生洪先生所说“向学生展示远为广阔的知识图景，极大地开阔学生们的视野，激发他们的好奇心和探索冲动”。2006年至今已积累了约90个讲座，大约20位院士先后参与讲座现场，全面涉及学生素养6个板块。2012年9月以来，我们还承担了“漫游星空”教师培训，160多人次受训，为课程的拓展奠定了基础。事实上，课程的确影响着学生的发展。我们的学生比别人精神状态积极、眼界宽、思想活、创造性思维丰富，这在每次“漫游星空”与学者交流互动过程中就能看出。而且，我校学生参加市一级的各类竞赛的参与面比别的学校宽，科普英语、创新大赛获奖率等更是走在了前列，引人注目。更可喜的是，毕业生进入后续高中、大学，也能得到更多的关注与赞赏。

参观访问比别人多　二附中孩子的参观访问比别人多，早些年，学校就推出了“采访系列”，如预备年级采访父辈，从此着手，了解当代中青年学者严谨的治学态度和创新的时代精神；初一年级以“成功者的心路”为主题，采访在校优秀大、中学生的学习经历、理想追求；初二、初三年级则以“传承学者精神”为专题，全面、深入挖掘以复旦为核心的杨浦大学城的知名学者和社会翘楚身上所体现的各种优秀品质。如此既鼓励了孩子们与各界的主动交流，又极大锻炼了学生的书面和口头表达能力，为有更多机会走入社会、了解社会开辟了新路。而2012年9月《行迹上海》手册的推出，让孩子们有更多的选择去了解上海、了解海派文化，同时，在组织形式和活动有效落实上探索出了新路，如可以由学校组织去、小队活动去、小组活动去，甚至家长带孩子去，总之，总有一种方式适合，让参观上海各类教育场馆的活动能够得以顺利推进，尤其值得一提的是部分家长本身就是某一领域的专家，在热心的“家长义工”帮助支持下，孩子们的参观访问教育活动真正成为学校、社会和家庭三方面合力的结果，效果自然也就更佳。

参加的研学行走比别人多 读万卷书，行万里路，我们认为，行路甚至比读书更有用。学校坚持与国内外兄弟学校进行跨地域、跨文化交流，创造条件让学生浸润其中，深入了解风土人情和社会民情。开阔视野的同时，更坚定其为国奉献、为人类文明担当责任的信念。学校的“行走计划”甚至包含了走向云南、贵州、宁夏的贫困山区，走向新加坡、澳大利亚、美国等其他国家，其中涉及的立体化德育体验比别人丰富，更易于培养胸怀天下的精神与气质。如今，以“国内行走”系列为例，已经开发成为“行进中的课堂”课程，预备班到义乌望道中学（6 月）、初一到山东临沂实验中学（5 月）、初二到宁夏西吉（5 月）、初三到苏步青学校（10 月），学生干部夏令营到马相伯学校、苏步青学校等（7 月），上述基地都与复旦有着较为密切的关联，这里，大学精神的传承和复旦文化的影响，让学生们深深体悟到互融共进的美好愿景，对学生的教育效果不言而喻。有学生家长来信：学生交流游学活动，好处不言而喻，但由于存在安全隐患（特别是当前国际国内的大背景下，韩国“岁月号”客轮沉没，海南“4・10”小学生春游事故），容易使学校畏首畏尾，不敢组织此类活动，但二附中没有被这样的不利因素左右，仍然勇于组织，敢于担当，足见胆略与智慧，一个“赞”字。学校在这样一个背景和压力下，组织此活动，绝不是冲动和蛮干，而是经过了认真谋划和充分准备，上到方案制定、报备审批，下到行程起居、药品准备，事无巨细，都在老师们的考虑范围之内，足见用心良苦，作为家长，只有一个“谢”字。

经历的创新探究比别人多 我们深知，一个人是否具有良好的创造力，是一流人才和三流人才的分水岭。因此，二附中坚持给学生创新素养和创新精神的培育，自 2006 年开始，学校以“长作业探究＋短科目探究”的体系来落实探究型课程，从而培养学生创新精神；初一、初二两个年级学生全覆盖参与创新实践和项目探究过程，可见，我们的学生经历的创新活动远比别人多。为此，我们每年至少可以产生 100 多个创

新类课题，经过自然的筛选，每年有不少项目可以代表学校参加各级创新大赛，并且得奖数量一直居于全市初中学校前列，我校已连续诞生了8位上海市和全国的科学“小院士”。为了进一步做好这项持续性工作，我们还在2014年9月推出《学生探究性学习指导手册》，试图进一步规范和完善初中学生的创新探究活动和实践经历，体现我们对于学生过程性评价的重要性和落实度的关注。

思路清晰远比埋头苦干重要，选准突破口远比凭感觉做事重要。当然，大家很明白，“五个多”的积极实践，需要孩子们付出更多的业余时间和自主空间，为此，学校是通过“三个有效”（“有效课程、有效课堂和有效作业”）的创设来助力完成的。我们很自豪也很自信，因为我们重视了“三个有效”的达成，我们的老师虽然为此牺牲了很多时间和空间，但给孩子省出了更多的自由时间和空间，才使得孩子们在学业成绩提升的同时，有能力和精力去拓展夯实自己进一步成长的基础，“五个多”的实施也便成为可能。

鲍鹏山先生曾写道：“文化是一个能够激发我们感情的崇高东西，它和知识是不一样的。”鉴于此种理解，我们注意放眼长远，努力给学生更宽广的教育，但我们的实践应该是从脚下开始，从现在开始，从能够改变的地方做起，尤其是要努力把做对的事做得更好。除此，别无他法，或者说，即便有法，也不会持续。现在回过头客观理性地来看，很多前些年所谓成功的教育举措或改革没能走得更远，其原因也许就在这里吧！

辑六

示范与辐射

爱是教师永远的魅力

理想与爱是一个人前行的动力，有些人在这个复杂浮躁的时代中，在不知不觉中丢失着动力。我们还记得初衷吗？我们还能保持对教育、对学生的初心与情怀吗？

一年多前，我有幸成为代表团成员之一，赴台参加海峡两岸中小学教育学术研讨会，途中车上的一次观影，给了我意外的触动。

那是在专车接我们从桃园机场到嘉义大学的路上，我有机会欣赏到司机师傅为我们播放的名为《五个小孩的校长》(又名《可爱的你》)的电影。影片讲述一所学校校长吕慧红放弃与丈夫环球旅行的计划，毅然应聘一所面临关闭的幼儿园，倾注心血，最终帮助五个孩子及其家庭走出困境的感人故事。

这部据真人真事改编而成的感人影片，也道出了“教育——一个都不能少”的简单道理。个人觉得，教师的工作要得到认可，重要的是让学生喜欢你，这也是教师的魅力所在。吕老师原为一所国际幼儿园的园长，因对教育制度感到意兴阑珊，遂辞掉园长的高薪厚职，原本计划要与丈夫谢永东去环游世界。可是，当她从电视新闻上看到位于元朗的村校——元田幼儿园，仅剩五个学生，行将倒闭，加上幼儿园财政困难，只可用 4 500 元聘请园长兼校工，竟重燃起她对教学的热情，毅然应聘，希望帮助五个小孩转校。

影片也揭示了教师让学生喜欢的“诀窍”——爱。比如说，先让自己变成孩子。陶行知先生也曾说：“我们必须会变成小孩子，才配做小孩子的先生。”这里，吕老师应该是给我们做出了很好的榜样。一个童心未泯的老师，是一个具有好奇心、孩子气的老师，是理解和宽容学生的老师，是能想学生之所想、急学生之所急的教师。

又比如说，遵循教育的基本规律。小孩子对于学习的认知，是需要循序渐进、联系生活的，吕老师让孩子们采访家长，“(让家长)来说说小时候的梦想”，此举培养了学生的交往能力，增进了亲子间的沟通，也更好地诠释了“教育需要家、校、社会的合作，才能有更好的效果”，而通过这样“爱的教育”，吕老师也赢得了孩子和家长的信任。此后，在得到了家长和学生的积极配合后，也大大提升了吕老师所在幼儿园的教育效果。

再比如说，教师要时刻以身示范。教师对于学生的影响，幼儿园和小学阶段尤为显著。在以人为本、科学发展的今天，我们的确需要一大批吕慧红式的教师，用人性的关怀、人道的方法、人文的素养去滋润每个孩子的心田，在学生的心灵深处播撒人性与仁爱、理想和智慧的种子，促进他们生动活泼地健康成长。

“爱”真是世间最伟大的力量，老教育家夏丏尊先生也说过：“没有水，就不成其为池塘；没有爱，就没有教育。教育上的水是什么？是情，是爱。”影片中马修老师被哈珊院长解雇离开时，害怕被关禁闭而不敢出来送行的孩子们在窗口挥动着小手，带着祝福的纸飞机不断地从窗口飞出来，宛若花儿朵朵……爱的力量，天真的力量，真是催人泪下、促人奋进。

听　课　去

在控江中学挂职锻炼期间，经常看到张群校长带着听课本去班级听课，印象至深，因为，现如今，能够坚持进教室听推门课的校长实在不算多。

其实，就普通教师而言，都是深知听课的好处的，本人就是在不断听课中逐步成长的。20 世纪 90 年代的复旦附中，跨学科、跨年级听推门课蔚然成风，无论是作为教师发展的一个必要组成部分，还是说教师间互相交流学习的氛围也好，大家还都带着一份欣赏的态度听课，我不仅听专业课，还主动听语文课、数学课、物理课等诸多学科，受益良多。可以说，我正是把他人的课堂教学经验，尤其是对教材的处理以及对教学中生成性问题的把握等积极学习和消化吸收，才逐步形成了自己的教育教学风格，遂站稳了讲台，并使自己的课堂成为学生的向往和成长之地。

而今，也有机会参与到学校的管理，便觉校长了解课堂的必要性和重要性，听课则是捷径。现在，的确有太多的事务影响着校长们的正常管理工作，使一天中本该在学校关注和聚焦课堂等工作成为“副业”，众多的会务应酬活动使自己游离于教学之外，对课堂的关注减少的同时也暴露出对一线教学改革实际的日渐生疏。偶有责任感的，对于自己以前在公开场合的某些教学言论深刻反思一番，则连自己都觉得有些脸红，真叫人无奈。

其实，当课程改革聚焦于课堂教学有效性的时候，校长们更应把注意力集中到课堂。通过听家常课、推门课，你可以了解本校的课堂究竟处于什么样的状态，比如，这节课究竟是为了教师还是为了学生？有一位专家曾说过：20 年来，基础教育的课堂其实变化不大，主要是大家对于学习的理解存在差异，课堂更是一种文化现象，小中可以见大。的确如此。所以，听课更有助于校长了解现实中的课堂教育教学状况，诊断、发现教育教学问题或者是教室中正在发生的静悄悄的变化，发现它并提供机会予以提炼、小结、辐射。听课，更有利于我们了解学生的共性和个性需求，帮助校长制定适合学生发展的教育教学方案、改革策略，使孩子们在原有基础上更进一步。校长听推门课，可以让校长关注课程的领导力，更多更好地判断学校目前的课程设置和课时安排的性价比或效益问题，观察和考量教师的课程执行力，对确定更合理的诸学科课程时数提供依据，并逐步完善符合学校和学生实际的课程体系，朝着有利于形成特色教育的环境和方向发展。校长听课，可以更多地发现优秀教师或具有潜质的教师，有助于给广大教师专业发展提供范例，并通过学校推动使优秀教师的教育教学得到示范辐射，有助于学校教师核心团队和教学共同体的形成与发展。更重要的是，通过听课，校长可以在“仰望星空”的同时，有机会“脚踏实地”，从而引领本校的教育发展走得更健康、更平稳、更有持续性。因为，深入课堂后的我们终于发现，教育恰恰应该是慢的艺术，急不得，要慢慢来。欲速则不达！

我们的教育总是在理想和现实中前行，困难和机遇同在；校长的角色注定是多重的，但首先是教师。所以，再忙，也要抽出时间深入课堂一线，当你坚持听推门课并且具有了一定的量，你不仅可以成为广大教师的朋友，更有利于积累个人的教育智慧，高瞻远瞩，对于教育教学的发展性会更有言语权、主动权，你对于教育问题的判断也将更有依据、更为精准，而这也将有助于你的教育抱负和团队教育愿景的实现。视野开阔同时胸有成竹，一定令你在教育教学改革中左右逢源，最重要的是，你和同事们必将在和谐的校园环境中，天天精力充沛，脱俗、自信并快乐着！

做教师，专业基础厚实全面更重要

最近，连续参加了几场教师招聘面试活动，对于地理教师的基本功问题还是想说上几句。

实际上，写本话题的冲动还与最近一年多我在教师资格认定方面的切实感受有关。近年，我参加了若干市级和国家级地理教师资格认定面试主考工作，由于师范生尚未纳入教师资格国考范围，所以，更多的是专业外人士来参与，争取拿个教师资格证，以作备用。我发现，他们虽然高中上过地理课，非地理教育专业出身的本科乃至研究生背景也与地理学科有关，诸如自然地理、GIS、人文地理、旅游地理等，应该在本科或者研究生阶段也有与地理十分密切的课程作为必修、选修之类的，退一步讲，要做老师，专业还需临阵磨枪吧，但面试中我们的提问，至少让这些学生感到了棘手，或者说，他们没有逃过评委的专业眼。非地理教育专业学生考教师资格证姑且不论，而地理教育专业学生参加区教师面试录取应该说专业无忧吧！殊不知，差距实在不小，这里，还暴露出师范教育存在的一些弊病，值得关注。

从教师应具备的基本素养来看，我国明确规定：有较高的政治素养，有崇高的师德修养，有较高的文化科学素养，较强的业务能力，具有良好的身心审美素质等。而发达国家对教师素质的要求，则聚焦于：较高的学历水平，广博精深的科学文化素质，全面创新的能力素质，整体素质上的“全能型”和“完整型”。以上取交集则可得出：科学文化素养乃必要条件。的确，教师具有了广博的知识，才能把课讲得“引人入胜”，才能唤起学生强烈的求知欲，才能引发学生的智力活动。具体则涉及：熟悉所教学科的课程标准及教材，能把握教材体系，理解教学要求，明确教学目的和重点、难点，有独立的备课能力；有创造性的教学能力；有过硬的教学基本功；要掌握基于信息化、大数据的各种教学技能；要具有一定的科研能力；有组织班集体开展主题教育活动的能力；等等。

从最近的教师面试情况看，我们很注重全面，尤其是关注教师的政治素养、师德修养、心理素质等，整体上应该说的确有很大程度提高，这一点也是我们为师之初相对欠缺的。但在考察专业水准方面，可以说，问题不少：

其一，对于专业的相关度理解模糊甚至混淆。如有一次，面试一位人文地理研究生，她说课的内容是“板块构造学说”，我问道：作为人文地理背景的地理教师，如何在自然地理或科学教育为主的内容中渗透人文教育思想或理念？其实，我这样问是想让她发挥一下人文地理所长，结果她把人口地理误为人文地理，还硬是把板块构造学说与人口地理的关系给说了一套，让人大跌眼镜！

其二，说课环节相对好，专家问答则经不起追问。学生在说课前会有45分钟的书面准备，所以，大部分学生都可以把说课稿写得比较完整，最多的一位学生甚至分八个方面来说课，显然，对于说课，大学应该受过明确的教育或重点指导，甚至显得有些八股味道了，千篇一律。但是，当评委问，你在这节课上如何落实对学生的地理能力培养？态度、情感、价值观教育目标你在本课中如何落实？等等，考生一般都言不由衷，或顾左右而言他，敷衍了之。这种重预设、轻生成的情况，至少表明，考生或学校教育辅导环节中，缺乏深入思考和追问意识，使本该立体化的备课降格为平面的走过场的说课，其质量和效果也就大打折扣了。

其三，地理专业知识普遍较差。那天的面试，我们三位评委总体意见较多的是地理专业知识(能力的考查还不多)，比如，初中的五位老师说课的主题是同一个：七年级的“珠江三角洲地区”。其中我们提问频率最高的三个问题，基本全军覆没！问题一：据课本给出的广州市各月平均气温和降水量年内分布图，说出其气候类型。结果仅有两名学生经过一段时间考虑说出了，其中一名还是在评委提示下，模棱两可地道出来的（此问题应是受过高中地理教育的学生马上回答得出的）。问题二：除教材提到的深圳和珠海外，我国还有哪些经济特区？结果问了三个人，没有人能说出第三个，而把天津、上海、重庆之类的放进去了。至于 14 个沿海开放城市的问题，表现出从来没有听说过的惊讶（其实，在高中政治、地理，大学中国地理、经济地理等课程教学中都有涉及，哭笑不得啊）。问题三：决定珠三角地区基塘农业模式的最主要影响因素是气候还是地形？学生也没能答出来，而这个在“影响农业生产的自然因素”中应是必讲事例。还有一个问题是关于印度洋板块和亚欧板块碰撞形成的地缝合线在哪里。问了两位高中应聘老师，都回答没听说过（事实上，在地质学中也是一个常识问题罢了）。问题还有很多，也有一些体现地理能力的问题，那些回答也很不靠谱，此处不再赘述。

窥一斑而知全豹，如此看来，我们真要对大学地理教育现状担忧了。我们也是大学过来的，我的印象中大学地理教师很认真的，记忆中，地质学是一门很难的学科，教我们的王老师非常负责，他总是会准备一些补充资料给我们学习并考查，使本人的地质学基础能够有所提高，而今，这些资料虽已泛黄，但有时我还会翻出来查阅，比网上的要经典得多。还有，我特别喜欢顾麒麟老师的中国经济地理课，他不仅有过从事产业的经验，且讲课幽默风趣，我很投入地学习这门课，故成绩也一直领先，关键是我学到了不少案例，有时候在他的案例上再作发展，便逐步形成为我在同学面前的“绝活”了。但眼前的这几位即将毕业的学生的反应，使我不得不怀疑：要么是这样敬业的老师已不多，要么是院系对学生学习质量的把控方面出现了漏洞。这对于公众颇有微词的高等教育而言至少不是一个好消息！

教育功臣张人利校长曾多次指出我国高等教育当前面临的尴尬。不管大家接不接受这样的观点，我始终这样认为：做基础教育教师，首先应该是基础全面扎实，所谓上晓天文、下通地理，各个方面及领域至少要略知一二吧；而欲做称职的地理教师，有关地理的基本科学知识和技能要求，实乃站稳讲台之根本。一位专业知识和能力十分薄弱，对于基础教育的本质理解欠缺的新教师，即便形象上如何适合做教师、心理素质再好，充其量不过是个“金玉其外”的角色而已！

在此，特别真诚地建议：师范教育能在夯实学生专业基础、培养学生自主学习品质方面切实关注，并积极作为。

中学通识教育　教师可以作为

如火如荼推进的新课程改革，倡导教师教学行为的改善和关注学生发展性学力的培养与提高。这就向教师提出了如何在实施素质教育的基础上推行通识教育的课题。

通识教育重在“育”而非“教”，它的目的是培养学生能独立思考，且对不同的学科有所认识，以便能将不同的知识融会贯通，得到自由的、顺其自然的成长，最终培养出完全、完整的人。可以说，通识教育是一种超越功利性与实用性的人文教育，它是一种大学教育理念，而我们对在中学渗透通识教育的进一步的解读就是“重德育体验，重创新实践，实行有宽度的教学，培养全面的可持续发展的人才”。教师如何践行通识教育促进学生持续发展的说法可谓众说纷纭，我认为，中学推进通识教育不妨从以下方面着手。

一、把学生引进某领域

学生对某门学科的兴趣，往往与教师的专业水平、个人魅力等有关。当年的学生返校时也许会说，我为何爱好文学，为什么走上从事科学研究的道路，就是因为老师在上课时给我们讲了一件什么事情，对我影响深刻……也就是说，教师对学生一生的影响不在于你教给了学生多少学科知识，而是你曾经在教育活动中说过的一句话、一件事，这些你本人或许已淡忘的话或事，却在不经意中改变了你的学生。阿里巴巴 CEO 马云在读中学时，最得意的是英文，而他的英文成绩之所以好，则完全源于地理老师的一句话。马云清楚地记得，有一次，中学时漂亮的女地理老师在上课时说："同学们，你们一定要把英文学好，不要给中国人丢脸，"她说："我们在杭州西湖边玩，外国人走过来问，西湖怎么样怎么样，因为我们不懂英语，没办法交流。"地理老师的这句话给他的印象特别深，成为这位杭州中学生学习外语的最大动力。

比尔・盖茨中学时就读于被称为"天才的摇篮"的西雅图湖滨中学。他经常说，有一件事情影响了他。那时，电脑技术尚处于发展的初期，一台电脑要占去一个大房间，有长达几英里的线路连接，价格则高达数百万美元。1968年秋天，校长却做出一个大胆而明智的前卫决定：租用一台电脑，开始让学生们接触电脑技术。之所以是租而不是购买，实在是因为当时的电脑太过昂贵了，小小的湖滨中学在当时无法筹措这么一笔巨额资金。比尔・盖茨后来评论学校的这个措施时说："还在60年代末的西雅图，就让学生使用电脑，这在当时是一种令人惊讶的做法，对此，我将永远怀着对学校的感激之情。"老师领着盖茨的那个班级参观租来的电脑机房时，其他同学都不知如何操作终端机，而比尔・盖茨却试着在电脑终端机上输入几条指令，这些指令处理的结果立即从PDP型电脑上传了回来，这使比尔・盖茨不仅大为惊讶，而且感到了一种前所未有的兴奋和满足。他觉得这简直就是变戏法，太神奇了。从此以后，他一有空余时间就去电脑机房，不断地在电脑终端机上做各种试探和练习……

师傅领进门，修行靠自身。但教师要充分扮演好作为导航员、引路人的角色，努力通过自己的言行、自己的教育，使学生热爱某个领域，钻研某门学科，点燃学生攀登科学高峰的激情。

二、助学生成为悦读者

"书籍是人类进步的阶梯。"让学生读好书，多读书，读的书比别人多，使学生成为爱书者，才能拓宽视野，增长学识，提高能力。新世纪以来，数次的中国国民阅读调查结果显示：国人阅读率连续多年走低，而阅读的功利实用性目的走强，知识性兴趣性目的减弱。同样，一项针对本市中学生课外阅读的调查也显示，各类休闲读物正占据中学生阅读的主体，它显然不应成为中学生课外阅读的主流。这就需要教师有目的、有计划地从良莠不齐的书目中遴选、推荐，帮孩子们找寻一条便捷高效而又充满魅力的智慧通道。但我们在营造书香文化氛围，提倡、引导和推动学生好读书、读好书方面做得很不够。

从一定意义上说，读书就意味着学校教育，甚至意味着整个教育。而教师指导下的阅读不仅是学生悦读的前提，也是整个教育的前提。知识与气质是需要通过自己的努力和耐心持久的阅读积累才能获得的。把学生引进你的书房，带学生到图书馆、书店，有意识地推荐好书，让学生成为爱书者，应该是教师的“必修作业”。我校对教研组长布置了一个任务，每过一段时间要把本学科的前沿给老师、同学讲一讲。结果是大大拓展了师生对相关学科前沿领域和交叉学科前沿领域的知识视野，激发了师生的探究欲望。复旦附中语文组从高一年级始就开设的“中国人”、“外国人”阅读课，复旦二附中从预备年级就开设的阅读必修课，旨在鼓励学生浸润于书香环境，创造各种条件让他们“悦读”，这使孩子们有机会得到更宽广的教育。因此，教师不仅自己要多读书，更有义务引导学生多读书，把读书的氛围营造浓烈，我们的学生将更具教育智慧，我们的教育也将更加美丽。

中学是开展广泛课外阅读实践和培养良好阅读习惯的大好时机，通过课外阅读能丰富知识、开阔眼界、陶冶性情、深邃思想，一旦形成这一好习惯并使之终身伴随，我们就可不断地使自己博学、高雅、纯粹，我们今后的求学或从业更可高屋建瓴、融会贯通，而我们的人生就会更充实，更精彩。

营造校园书香氛围除了以学校文化作为引领、以课程重构作为支持、以阅读空间环境的再设计作为通道外，更有赖资源保障作为依托，以满足孩子们源源不断的阅读需求。那么，课外阅读应该读些什么？复旦二附中重点提倡读文学、历史、科技、艺术类书籍，每周、每月给学生开出比较完整的参考书单，要求学生每天读书半小时左右，节假日每天读一小时以上。我们要求学生写读后感，提倡用自己的话写自己的思想，不要随意运用自己半懂不懂的概念术语，更不要抄内容提要或别人的评论文章。

在操作过程中，要想顺利推行以上设想，帮助学生最终养成课外阅读的习惯，家长的配合至关重要。家长的配合工作分两个层面：第一层面，叮嘱孩子每天坚持读书，并关注孩子在读什么书；第二层面，积极参与到孩子的阅读中去，并在家里不失时机地鼓励孩子口头表述所读内容与体会，并与之平等交流，共同解决孩子遇到的困难。阅读可谓亲子教育的最高境界。家长和教师要助推学生成为悦读者。

三、带学生走近自然和社会

表象来自感知，感知是客观事物的直接反映，每个人都生活在一定的环境中，学生身边的事物是最直观、最生动的感性材料。陶行知先生也曾说："人人可以做我们的先生，随手抓来都是活书，都是学问。"教师要开发并利用好社区、家庭等各方面的资源，引导学生到社会的熔炉中去实践、去锻炼、去磨砺、去发展，从而开启社会这一部百科全书。

为培养这样的"以天下为己任"的胸怀，复旦二附中为此开发出"行万里路"系列活动：组织学生走进社区搞社区调查和志愿服务，引导学生以不同方式走进上海参与社会实践，走向偏远山区体验生活，鼓励学生走向世界游学互访等等。2012 年又在全市初中第一个推出"模拟联合国"的活动，我们希望小复旦人中能出一批具有世界眼光的一代英杰。

复旦附中高二年级学生每年 10 月会有为期一周的学农，学校以此为契机，往往组织学生赴各地进行涉及文化、历史、地理、政治、经济等方面的社会实践。高二相关老师对各班进行为期两周的学农调查辅导，他们开设讲座，联系调查点，介绍科学调查的方法等，使学生在下乡前对学农调查做到"心中有数"；学校还成立领导小组，制定计划，提供给同学一些参考课题，力争做到"工作有落实，负责有专人，学生有收获"。学生结合他们的选题和特长，会进行必要的分组和合作，然后由推选的组长对本组同学进行任务布置并不断在实践中调整任务和工作，通过几天的努力，他们一般都可以圆满完成自己的任务，并写出他们的调查报告或小论文。通过活动，学生对社会主义新农村建设和城乡一体化发展过程中的成绩与问题等均会有切身感受与认识，进而激发学生的爱国热情和责任意识。

读书要读，菽麦也应会辨。在具体学科教学中也应该提倡这种做法。四川有位语文老师，他主张学生和自然“亲密接触”。他的一些语文课很特别，会带学生到郊外的油菜地里放飞心情；会在下雪天和学生坐甚至卧在雪地上“听雪”；会在秋天听蝉鸣虫叫，甚至露宿野外“闻秋”……不少老师觉得这做起来有难度，但我想我们一学期尝试做一次该不难吧！

到瑞典、德国等国考察时，感触颇深的是那里很多中学地理课、生物课是在自然保护区里上的。在澳大利亚旅游时也发现，一位老师带着一群幼儿园孩子坐游艇归来，问他们是否在旅游，老师回答，我们这是要让学生通过坐船来体验和感悟澳大利亚悉尼湾的美妙和乐趣。开发社会大课堂的教学资源，教师应要因地、因校制宜，并结合形势的发展，补充现实生活中的新鲜材料、新鲜信息，以丰富教学内容，使学生感受到社会和时代的脉搏及扑面而来的生活气息，对认识和参与社会生活产生浓厚的兴趣和强烈的渴望，然后通过引导学生利用已有的知识与经验，主动探索和发现新的社会知识。2012 年 12 月，复旦二附中给全体学生推出了《行迹上海》游学手册，旨在通过菜单式的导引服务，提高学生主动获取知识的能力，培养学生的创新素养和实践能力。从 2006 年 5 月起，除上海科技馆外，本市所有博物馆、科技场馆免费向学生开放。上海的老师是否有勇气带学生到附近的博物馆或科技馆走走？这 100 多处场馆中，你完全可找一些与本学科有关的，事先联系后带学生去参观、去游学。也可以在校园文化节、科技节期间，若干学科的老师带学生同往，在野外，语文老师可以和学生一起吟诗对句，生物老师可以和学生比赛谁认识的植物品种多，地理老师可以带学生做一回徐霞客等等，我想这是能够做得到的。你若能带学生走进自然、走进社会，便会发现原来自然和社会即课堂，或许，许多原本看来晦涩难懂的问题也便迎刃而解。

四、让学生对话名人

与名家接触多了，听名人报告多了，人的见识、视野就更加开阔。还是在10年前，曾对本校学生做过一项调查，其中一问是“你最希望与谁交流”。结果有近76%的同学选择了科学家或科技精英。可见，在目前浮躁的社会大环境中，附中学子的选择是能够说明我校教育的实效的。学校领导意识到，附中背靠复旦大学，复旦有许多蜚声海内外的“大家”，利用身边的活教材，无疑会给学生带来潜移默化的教育效果。通过与复旦有关部门的联系，促成了这一件好事。以后，学生记者团利用课余时间、节假日，或电话采访，或登门拜访，或走进“漫游星空”名师讲坛现场聆听。全团同学经过近一个月的努力，终于搜集到了包括若干院士在内的几十名科学家和文化名人的资料。接着，他们想到把这些专家的材料整理出来，并利用橱窗举办了“走近名人”的专题宣传和征文活动，还特邀了部分学者来校作报告，介绍自己的成功经历，给广大学生上了生动一课。

复旦二附中受学生记者团的启发，开拓了一系列与名人对话的活动，让学生能尽早站在名人的肩膀上。学校按不同年级确定不同的采访要求。预备年级采访父辈，初一年级开展“成功者的心路”——追寻学长的成功之路，初二年级开展“与学者对话，树理想目标”活动。在这类活动中获取精神力量并增长实践能力。根据采访的结果，学校编印了《追寻父兄的足迹》、《小记者采访大学者》等专辑以激励学生立志奋发。学校还开发出“漫游星空”系列，邀请方方面面的大家大师来校作讲座，让学生经受心灵碰撞，延续至今已近7年。这里，举一个学生参加“新民科学咖啡馆”活动的例子。由市科协与新民晚报社联合主办的“新民科学咖啡馆”活动，自2005年6月创建以来，共举办了200多期，结合社会热点、焦点和难点，邀请相关领域的院士、专家学者及企业精英，与听众在轻松、休闲的氛围中展开互动交流，获得了社会各界的热烈反响，达到了普及科学知识、崇尚科学的目的，树立了良好的品牌形象。我们主动与科协联系，请他们给我校师生若干名额。学校对学生的发展可谓不计成本，坚持派专车接送。通过参加这样的活动，师生的视野和境界均达到了新高度。

毋庸置疑，对“明日辉煌”的希冀，在这批聪慧少年的心灵里幻化成无数奇特的景象。杨雄里院士风雨几十载潜心钻研，矢志不渝的经历，让同学明白“是金子总会发光”的道理；杨福家院士面对知识经济的从容和高瞻远瞩，让同学们懂得要把握机遇，学会学习、学会竞争的紧迫性；李大潜等院士“复旦大学更加重视素质教育和通才教育，对每个学生尽量进行终身素质教育”的观点，对理科生的偏科现象无疑是一次教育；陈鸣树教授对语言文学一如既往地痴迷和执着追求，在孩子们的心灵上打下了为国做贡献奋斗不止的深深烙印；院士、知名教授、著名作家做客的“漫游星空”名师讲坛，为孩子们打开了眼界，点燃了激情，培养了兴趣，激发了潜能，润物细无声地滋养着学生们幼小的心灵……

科学、人文与艺术的融合，是推进学校和学生自主创新的重要途径之一，是学校发展的文化基础，将促进教育创新，推动创新和创造型人才的培养。系列采访活动使同学明白名人并非可望而不可即，名人就在身边的道理，使学生学会了追求，激发了成才的欲望，悟出了主动学习、紧跟时代、服务时代、超越时代的内涵。有学生这样写道：“对话名人，思想得以升华，明确了奋斗目标。”只有将自己的明天与祖国的未来融为一体，才有个人辉煌的光环。

通识教育作为关系到人生活诸领域的知识技能的教育，就是要我们老师尽力把事做细。我们坚信：只要以爱为出发点，以通识教育为理论指导，努力为学生开掘一块温暖的土壤，让孩子们读的书比别人多，听的报告讲座比别人多，参观访问比别人多，亲近自然等社会实践比别人多，经历的创新活动比别人多，那么，中学推行通识教育，教师不但可以有所作为，而且可大有作为。

少灌输，多争鸣

——课堂应为学生创新素养培育主阵地

今天，有关学生创新素养培育或拔尖创新人才培养的话题已然成为焦点。某种程度上，对于这一话题的关注也在深刻影响和改变着我们的基础教育。据笔者的了解，上海基于创新人才素养培育的实践一般有如下类型：社团、活动类课程培养模式，课堂教学培养模式，高校与中学联合培养模式及项目式（如"菁英计划"）培养模式等。应该说，沪上不少学校已经开展的可贵而坚持的实践，的确有助于我们对于学生创新素养培育经验的积累与辐射。但在当前孩子们自由时间和空间十分有限这一前提下，课堂理应成为学生创新素养培育之主阵地，而课堂教学以外的学生创新素养培育则应该成为补充。

复旦附中和复旦二附中正在开展的初高中衔接教育试点，把在课堂教学中培养学生创新意识、实践能力和思维品质等作为突破口，探索基于聚焦思维结构的智力理论，提出了创新思维型、三课融合型课堂教学设想，主张"少灌输，多争鸣，培养学生的思维品质和分析能力"，该举措突出了学思结合、知行统一和因材施教的思想理念，可以体现和促进课堂教学中创新素养的培育。创新思维型课堂教学力争营造一个轻松、活泼、探索、高效的课堂教学环境，它强调如下几个方面：第一，动机激发。倡导教师在整个教学活动中，要注意激发学生的学习动机，特别是内在的自主性的学习动机，以保证学生积极主动的学习和思维。第二，认知冲突。在课堂教学中，教师要根据教学目标、联系生活经验和已有知识水平，设计一些能够使学生产生认知冲突的"两难情境"，助推并启发学生积极思维。第三，社会建构。社会建构注重环境创设和角色分工，强调师生互动和生生互动。教学过程中，学生在探索、实验、观察、讨论时，皆需要教师的指导、点拨和鼓励。教师通过观察、提问、指导等方式了解学生，发现存在的问题，根据学生的反馈情况调整教学的进展和方式等。学生之间也需要相互交流和启发，适时地进行讨论、辩论等活动，促进自己的有效学习。第四，自我监控。强调师生及时反思，特别是要求教师引导学生对学习内容、学习方法、经验教训等进行总结和反思，培养学生的自我监控能力。第五，应用迁移。强调所学知识和方法等的综合应用，并迁移融合到日常生活、社会实践、本学科及其他学科更多内容中去，提高学生分析问题和解决问题的能力。

客观而言，教学本身就是一项富含创新元素的工作，理想的教师课堂教学实践，对于在学生创新素养培育及学生成长中的作用，至少可以在以下几方面得到体现：为学生提供一个良好的专业资源及支持系统；以敏锐的洞察力，帮助孩子们把握学科方向，引领学生关注相关领域的前沿，并找准教学的突破点；用自身的人格魅力影响和激发学生，注重群体奋斗教育；培养自己及学生的专注力和积极向上的进取精神，在学习思路、研究路径和思维方式上为学生树立榜样。

教育进展国际评估组织曾对全球 21 个国家和地区的调查显示，“中国孩子的计算能力排名世界第一，而想象力倒数第一，创造力排名倒数第五”，这种尴尬的结果需要我们的基础教育有新作为、新突破。中学生创新素养的培育是一项综合的系统工程，本质上离不开“有思想，敢作为，为学生长远发展”的教师身体力行，而这需要我们从课堂教学开始，不断校正目标，潜心耕耘，风雨兼程。

预设越科学　生成越自由

出色的课堂教学，其实便是师生共赴一场“心灵之约”。

谈及提高教学的有效性问题，必定要联系到教学的预设和生成话题。

预设与生成可谓对立统一体，是课堂教学的两翼，缺一不可。预设与生成共同服务于学生发展，预设是对生成的丰富、拓展、延伸，没有科学优质之预设，就不可能有自由精彩之生成。预设重视和追求的是显性、结果性、共性以及可预知的目标，生成重视和追求的是隐性、过程性、个性和难预知的目标。我们的教学既要重视知识技能学习的逻辑和效率，更应关注生命体验的过程与质量。这就要求我们应当以预设为基础，讲究和提高生成的质量与水平。

教学预设少不了对以下环节的关注：研究课程标准、分析学情、确定教学目标、组织教学内容、选择教学方法、设计教学过程及必要的反思评价等。某种意义上说，这考验着教师是否具有“大智慧”、“大学问”、“大视野”、“大境界”。首先要“基于课标、吃透教材”，正确解读教材的本意和新意，精准把握教材的精髓和难点，努力把教材内化为自己的东西，教师要具有“沉得下去，浮得出来”的胆魄；其次要拓宽知识面，还原和丰富背景知识；还要研究学生的学习心理，循序渐进，步步延伸。这三点可谓教师在课堂中有效地激活生成、引领生成和提升生成的基础。

超越教材的前提是源于教材，教师须对教材有全面而准确的把握，领悟教材的本义，尊重教材价值取向，并结合学生经验和时代发展去挖掘和追求教材的延伸义、可持续义，促进学生的个性文本解读和生命体验。

而从教学讲，要强调精心的预设，课前尽可能预计并模拟学生学习进程中的各种状况，避免低水平和可预知的“生成”，激发高水平和精彩的生成。教师只有通过备课标、备教材、备学生、备自己这“四备”，有“备”而来，顺势而导，才能有真正的“生成”。这种“预设”越科学充分，生成就越自由越有效。

“生成”使课堂精彩纷呈。如朱志平在《课堂动态生成资源论》中指出：“‘生成’既没有固定的、现成的目标，也没有刻板的模式，它具有偶发性、随机性等特点，它的产生过程，就是师生、生生、生本交互作用而产生新因素的一种动态变化的过程。”如果说生成强调的是学生的活动和思维，彰显的是学生的主体性，那么预设强调的则是教师的设计和安排，彰显的是教师的主导性。教是为学生服务的，这就意味着应根据学生的学习基础和学习规律进行预设，思学生所想，备学生所需，从而使预设具有针对性。当然，预设也要有适度的弹性和开放性，给生成腾出时间和空间。教师要具备生成的意识，要深入思考课堂教学的大方向、大环节，把握课堂教学的整体思路和目标指向，为学生的自主活动提供充足的时间。教师要关注生成的动态性，提高预设的可变性。这意味着上课是教学设计再创造的过程，教师应把更多的心思放在观察学生、倾听学生、发现学生并与学生的积极互动上。这要求教师在课堂教学活动中不能拘泥于课前的预设，要根据实际情况，随时对设计做出有把握的调整和灵活的变更。

无论是预设还是生成，都应当服从于有效的教学、正确的价值导向和学生的健康发展。因为，预设过度必然导致对生成的忽视，挤占生成的时间和空间；而生成过多也必然影响预设目标的实现以及教学计划的落实。

“那些不设法勾起学生求知欲望的教学，正如同锤打着一块冰冷的生铁。”美国教育家哈·曼的这句话提醒我们，教师要具有善于点燃和激励学生的艺术。课堂教学是心灵与心灵的交融，思想与思想的碰撞，是一项集技术、艺术与智慧于一身的复杂劳动。只有在实施预设时不拘泥于预设并能智慧地认识、处理好科学预设与自由生成的关系，生成才会愈加精彩。这样的教学才堪称艺术，这样的对话方能彰显人性的光辉，这样的课堂才会充满不曾预料的精彩。

心近自然月近人

如果我是富豪，我不会到乡间为自己修建一幢别墅，也不会在穷乡僻壤筑起杜伊勒里宫，我要在一道林木葱茏、景色优美的山坡上拥有一间质朴的小屋，一间有着绿色挡风窗的小白屋。

——[法]卢梭

给本摄影图集作序时，我不禁思绪万千：

某年高考前夕，在给部分学生梳理环境保护知识时，谈到"人地关系的历程"这个话题，说到大约是从 20 世纪 50 年代以来，人类才真正体会到人地和谐发展的重要性，这也是人类在受到自然报复后的理智回归，是一种自觉自愿。之后，不少同学对此问题若有所思，也流露出向自然还债、回归自然的愿望。

一个月后，高考分数揭晓，陆续有学生找我，希望利用暑期结伴去感受自然、亲近自然，要我推荐一些去处。我遂提议，不妨到四川去走走。其实，本人没有去过真正意义上的四川，只是有次在外出参加培训时，曾有幸结识了三位四川朋友，从他们的口中，我在精神上感受到了四川的自然美、淳朴美和气势美。我告诉学生，一次，在读到一位名家的文章后，立时觉得似乎有种声音在向我呼喊："我们四川好地方，好在山水美，西部更有未经跋涉的荒山，还有未经斧钺的森林，你可以到那儿，在那儿的深山老林中可以像梭罗一样，自己建筑一椽小屋，种些芋栗，养些鸡犬，吟唱小诗，任孩子同獐鹿跳舞，我们在这个亚当与夏娃做坏了的世界里，可以创造另外一个理想的世界。……"学生煞是羡慕，迫不及待地说：老师，我们一定去你心想神往之地领略和感悟一番。

接着，我又说，如果有机会的话，还可以到海边，比如海南、舟山小栖数日，那里天空澄澈明净，那里夜色深远沉静。在夏日的黄昏后，在退着潮的海边摆放一只小茶几，斟上一杯清茶，静静地等待和欣赏海上生明月，看灿烂星河，听涛声依旧。你自然会感慨、会回忆、会思考人生。其实，人，充其量也不过是大自然中的一员，但太多的人情世故蒙蔽了本性，过多的自以为是让人不自觉地傲视一切，破坏了自然，污染着空间。联系我自己，每次去海边，总会有新的体验与收获。比如，在夏夜与家人或朋友一起置身于月光渲染成的海滩美景中，清风明月不用一钱买，可以自由地畅饮月光，自由地呼吸海风，什么都可以想，什么都可以不想。如此美好的心境，并不是每个人都享受得到的。人生有梦，既要有所追求，又要顺乎自然，这就是听海看海给我的启示。留意学生透露出的神情，我意识到：他们已经真正被我的叙述所感动了、征服了。

每个人在内心深处，都期盼能够保持本真，享受自由，更渴望心灵的安顿与精神的宁静。时下，国人普遍缺少那种让人独处而不寂寞、与自己的灵魂对话的空间，我们教育工作者情况亦然。所以，每到暑假，我都会暂时放下忙碌、脱离喧嚣，出去寻一处山水胜境，过一段回归自然、心近自然、恬淡自然的时光。此时，关上的手机不会响，我悠然地走过山、趟过水、走过草原、走过海滩、走过森林，在收获美的同时，疲惫也挥之而去。与这人地和谐的境界共振，我写下对自然和人生的感悟，然后再合上书本，闭目养神，一起进入与叽叽小虫同眠的状态。唯有这样的环境，我可以聆听大地之肺的声音。它以独特的清新、光明和纯真，改变着我的心境，使我得到暂时的放松。

事实上，田园有田园的风光，城市有城市的景致；远方有远方的激情，近处亦洋溢近处的浪漫。重要的是，我们的感觉力是否依然保持着敏锐和丰富。我们的见地将更加高远，心境会更加超脱，也将有机会到达“宠辱不惊，看庭前花开花落。去留无意，望天空云卷云舒”般内外兼修的逍遥境界。

而今天，惟愿诸君在“行走中”各有收获！

培训、教研与科研

——青年教师专业成长的路径

最近，因为正在进行一项有关学科教学实效性的课题研究，而课题组的大部分成员年龄与我相当，经验的不足、教学策略的单一，成为我们推进教学与科研的“瓶颈”，于是想到有必要进行一些针对性的培训与研讨，便有了以下几点思考。

一、参与——青年教师培训的第一要务

近两年来，伴随着新课程改革的大规模推进，教师培训可谓轰轰烈烈。综观各地开展的新课程培训，重点抓了两方面工作：既有集中的系统培训，即理念培训、课标培训、新教材培训；另外还有一些专题式培训，比如综合实践活动的开展，教学方式与评价方式的改变，校本课程开发等，主要围绕这些专题开展讲座、研讨、交流等。拿上海的新课程培训来说，大致分为市、区两级培训，由学科教学专家和教研员负责实施，培训突出体现了新课标实施的重点和难点，而且还针对操作过程中遇到的具体问题，对课标涉及的教育理念、教学内容与方法、评价等问题，结合案例进行了系统分析和论述。然而，如何将先进理念运用到学科教育教学之中，依旧是广大青年教师面临的困惑。有教师反映，参加市、区培训时，感觉培训者（比如教研员）介绍的课程理念非常好，对于课标和教材的剖析似乎也已明了，但由于本身重在研，而实践略显不足，故在实际教学中真正落实起来并不容易。可见，如何进一步更新培

训观念、变革培训模式、提高培训实效，是亟须解决的问题。笔者近日聆听了一位教育专家的报告，他谈到新课程实施问题，他借用某教育官员的话，指出："新课程对教师的挑战首先是观念的冲击，欲走进新课程，必须先在观念上'走进'，没有教育观念上的真正转变，即使用上了新标准、新教材、新方法，也会走样、变味，一旦遇到困难或障碍，又可能回到老路上去。所以，对教师的培训，须首先抓好教育观念的转变。目前，在培训中，一些青年教师对理论学习不感兴趣，而急于操作，结果'听起来明白，做起来不会'，观念的转变并非一朝一夕就能完成的。"他认为："不要小看理念培训的作用，要努力使青年教师认真学习课程改革的有关资料，在观念转变上下功夫。对于中学教育来说，方法指导固然重要，但比方法更重要的是思想的指导与引领。"通过"自上而下"式的培训，不难发现教师间的差距主要是经验与策略的差距。所以，培训应重在解决青年教师中"案例"与"策略"少的问题。

笔者有幸在去年暑期参加了中国科协委托华东师大主持的"2049青少年项目"实验学校教师首批培训，我参加的是环境科学项目组的培训，觉得非常实用，这种参与式培训，尤其注重培训者与培训对象的平等交流与对话。其突出"解决问题"的独特教学理念与方式，使参训老师受益匪浅，执教的北师大和东北师大等专家特别重视针对具体问题进行个案分析，使我们尽快掌握新课程下的学科要求和方法，提高教师实施新课程的能力。尤其值得一提的是，老师注重开展课堂研讨、即席指导，将培训地点设在课堂，边教学边研讨。培训的一般操作是专家先亲自上课，然后结合事例讲理论，有时自己讲，有时让我们这些"学生"讲，将新理念通过课堂直观地表现出来。专家还不时地设置一些"陷阱"，要我们"出丑"，然后针对课堂教学中出现的问题，进行即席指导，引导我们讨论，整个课堂变成一个宽松的学习与交流的场所，每个人都将自己对新课程的理解和困惑拿出来，在相互追问中找到解决问题的答案。这种全新的培训，在教师中掀起"头脑风暴"，为教育管理者与教师搭建了平等对话、交流的平台，使教师受到空前的锻炼和提高。这次培训增强了我们三种意识：一是责任意识。大家更清楚地意识到，知识创新依赖人才，人才培养则在教育，而教师是推动教育改革和发展的主体。因此,积极投身实施素质教育和课程教材改革,成为每位教师的使命。二是机遇意识。新课程改革提出了“着眼于学生的长远发展”的行动理念和新型人才的培养目标。大家意识到,要培养学生的创新精神和实践能力,首先需要具备创新能力的全能型教师。作为一种机遇,每位教师都应把对本学科的研究看作提升自身素养的契机,在不断学习与探索中,积累自己的知识底蕴,增强胜任工作的信心。三是困难意识。课改包含着一种全新的教育理念。要使自己真正从传统的教学模式中解放出来,困难不少。在实施新教材过程中,也必然会遇到来自各方面的压力,这就需要我们“深化认识,知难而上”,在不断研究中主动适应新教材,寻找突破口。我觉得这样的互动式培训值得推广。

二、教研——青年教师专业成长的落脚点

可以说,大部分青年教师在接受培训后都很难把所学到的知识和技能运用到日常课堂上,这困扰着教师。这表明,青年教师在理论与实践的转换上,有一个较难逾越的鸿沟。要解决此问题,就得开展有效的教研活动。对于培训与教研的关系,我赞同这样的比方:培训只是把表层的土刨了一下,下面的土还非常坚硬,根深蒂固的东西要打破,是需要下一番功夫的。要把新的理念转变为教师的教学行为,少不了在实践中学习,不断对自己的教育教学进行研究和反思,对自己的知识与经验进行重组。

开展“以校为本”的教学研究,是青年教师专业成长的关键。所谓“以校为本”的教学研究,就是约请专家、教研员会同教研组长、组员教师一道以先进的教育理论为指导,对教学进行诊断与评价、研究与分析,经过反复的探索和实践,把新的教育理念真正变为教师自觉的教学行为。这种“以校为本”的教学研究是提高教师的最为有效的办法。有关研究表明,教师真正的成长不仅仅在于岗前培训,也不仅仅在于教育教学过程中的脱产培训或外出考察学习,而应当积极提倡“学校即研究中心,教室即研究室,教师即研究者”,国内不少中学优秀教师的成长无一例外地显示,在“课堂拼搏”中“学会教学”,是他们获得成功的重要历

程。因此，把培训与教学实践、科研融为一体，是青年教师提高能力的落脚点。

开展“以校为本”的教研，一般需要具备三个条件。一是青年教师能对自己的教育实践和周围发生的教育现象及时进行反思，从中发现问题，改进自己的教学并形成理性认识，在此过程中，逐渐使自己成为具有自觉改进意识与自我提高能力的专家型教师。二是倡导同伴间的交流与互助。有调查表明：教师间的广泛交流是提高教学能力最有效的方式。教研活动，一般分成正式的和非正式的两类。新课程标准下的正式教研活动，不仅应该关注上课的形式，更应该认真“备学生”，把引导学生参与提问和讨论，以提高学生主动学习的程度和促进学生有效学习的程度作为目标，还要认真“备自己”，从根本上提升自己驾驭课堂教学的能力。教研活动的重点是“把注意力集中在教学各个环节的创新上，在注重培养学生基础性学力的同时，切实加强对学生发展性学力和创新实践能力的培养。把研究的重点落实在教学方法的更新与改革上，努力变传统的传授和灌输式教学为以学生为主体的参与式、合作式、探究式教学”。为此，需要倡导开放式教学，即课堂教学过程向学校的每一位教师开放，真正发挥“教研”探路的作用。当然，教研活动还应关心因地制宜开展学科实践活动的积极意义，在开放性教学活动中寻找突破口。我认为，学科教研活动宜采取“分工备课，集体探究，注重方法”的策略，这样，可以促进青年教师在团队中的健康发展。另外，要重视非正式教研活动的作用。笔者于近期进行的中学教师专业发展调查中发现，青年教师普遍认为，在办公室与同事随时随地的交流对自己帮助非常大。可见，正式或非正式的教研活动具有同等重要的作用。三是专业支持。目前，一些地区都在推广“同伴互助”这一做法，同时也发现了不足，即有了同事间的互助与横向支援，却明显缺少了纵向引领，若缺乏先进教育理论的引导，缺乏学科带头人的高屋建瓴，青年教师充其量只会在同一水平上重复。教研活动可以在校内也可以是跨校的，可以是本学科组的也可以是跨学科的，最好形成梯队型互助团队，如北京中学界有名的“王树声备课组”。几年前，由于综合高考的需要，一些一线的老中青文科教师自愿组成跨校备课组，王老师发挥着骨干作用，队伍日渐壮大，现在该跨学科的备课组，本着“缩短差距，共同进步”的原则，不断地交流研讨，而后行动跟进，连环推进，越来越体现出旺盛的生命力。最近，上海市的部分区开始试点全区学科导师带教制，主管部门倡导“个人反思、同伴互助、专业引领”的新教研模式，各校青年教师均可通过网络等方式与心目中的名师沟通，及时咨询教学中的各种问题，并获得专家亲授，一时间，与名师对话、交流蔚然成风。

三、科研——学者型教师的工作方式

多数青年教师这样认为：结合自己的工作经历和经验，利用学校现有资源，借助专业力量和自己一起备课、评课，全程研究、反思、改进，对自己的教学帮助最大。可见，除参加校外培训和各种教研活动外，青年教师更应强化研究意识，养成理论学习和实践反思的习惯，不断提高研究和解决教学实际问题的能力，提高课程开发和建设的能力，使日常教学工作和教学研究、教师专业成长融为一体，形成在研究状态下的工作方式。笔者认为，青年教师的研究应立足于“落实行动研究，聚焦课堂实践”。课题研究要有针对性，研究需重基础、重实践、重过程、重实效，这种研究可以是围绕着一堂课的课前、课中、课后展开一系列的研讨，提供教研的课例未必是优秀课堂教学行为的展示，也非优质课观摩，而是课前带着实际需要解决的问题进行教学设计，课中以探究解决问题的策略和方法进行教学，课后及时反思、交流。对学校而言，应当注重营造在青年教师集体中形成一种良好的研究氛围，建立科研导师制度，有研究经验的教师有义务督促并帮助青年教师制定专业发展计划，进行个案研究，促进青年教师不断反思，使课程改革与青年教师的专业发展结合起来。对于部分教师，要根据课改目标，结合实际，确立适宜的研究课题，如学科教学与现代教育技术的整合研究、研究型教学的创新实践探究、学科教学对学生人格魅力的影响研究、课堂教学方式和模式的转变等热点问题，通过实践促使自己成为科研骨干。对于大多数青年教师而言，更应注意结合日常的教学活动，围绕某一典型案例或教学细节，撰写并整理一些案例，用新课程的理念和观点进行剖析，帮助自己将先进的教育理念变为教学行为，将所学到的专业知识与技能运用于教学之中，改善教学，从而促进学生的发展。这样，教研就不再是简单的备课，而是研究问题，教改科研，齐头并进，这应当成为教研活动的新亮点。

教师是具有改革能力的知识分子，进行有效的教育科研活动，更有助于青年教师立足实际，聚焦课堂教学。教育科研的目标为切实“提高学生的学习质量”，这与教育改革的目标是一致的。身体力行地参与科研是有效促进自身专业持续发展、能力不断提升的必需过程，青年教师科研应突出行动研究，切忌脱离实际。有位青年老师参加某年的区级教育科研评比，交了一份科普文章，结果闹出了笑话，这至少表明他对教育科研缺乏了解。也有些青年老师将研究重点放在模式或理论的突破上，今天冒出一个“模式”，明天又推出一套什么“理论”，我觉得这会使自己陷入被动，甚至掉进“形式主义”泥潭。因为，如果我们能潜心阅读一些有关教育模式的专著，不难发现，到目前为止，关于教育理论的所有流派，基本还没有超越赫尔巴特和杜威这两个源头。老教育家吕型伟说：“素质教育改革的前途有二：一个是成功，另外就是失败，如果失败的话，问题很可能就出在形式主义上。”此话理应引起每位青年教师的思考。

如果说，教育培训可助青年教师成为一名有理性、有知识的人的话，那么通过教研活动，则可使自己成为一位会思考的、有分析能力的实践者，而科研则会使自己确信，什么样的教学是丰富有效的，它使我们成为勇于探索、创造的学者型教师。

以上只是一点陋见，但我渴望青年教师在新课程理念的引领下取得新突破、铸造新辉煌的用意是不诠自明的。

与学生一起成长

——浅谈地理教师的专业发展

当前,基础教育课程改革力度正在加深,教师的专业发展问题,已然是教育界的一个热点。

通常所说的“教师的专业发展”,是指教师在专业素质方面不断成长和追求成熟与完美的过程。

一般情况下,地理教师实现自身专业发展的基本途径有三条:

一是依靠日常工作中的自然积累。其特点是:有深刻的体验和感悟,但积累速度较慢,来不及适应飞速发展的形势需要。

二是有计划的业务学习,包括参加培训或听一些专题讲座。比如,在上海,“世纪讲坛”、“百家讲坛”等已经成为许多教师了解科学和文化前沿的“必修课”。此外,还可以在业余时间自学一些本学科或相关学科的最新动态。“人与人最大的差异在于业余时间”,业余时间的把握,是实现教师主动发展的最大空间。其特点是:多为间接体验,但信息量大,能通过比较发现和积累经验,弥补自身的不足,随时进行调整性反思。

三是着眼于教育问题解决的探索性实践。当前,从普遍情况来看,地理教师自我研究和自我发展的动力或外部条件还欠成熟。所以,自我要求往往是教师之间存在差距的主因,举凡在地理教育教学方面有建树的教师,都有比较高的自我追求,他们能通过发现地理教育教学中出现的问题,及时诊断并进行专题实践或研究,在此基础上,推进着自身的发展。创造性地解决教学中的实际问题,是每个地理教师专业发展应该选择的重要方法。鉴于高中地理新教材是专题式编写体例，知识点相对独立，教师可通过再创造予以整合，理顺关系，这样更有助于学生对地理知识的整体性把握。比如，教师可以联系黄河流域水资源的综合利用问题，自主增删，自编讲义，创造性地探究华北或黄河下游地区缺水的原因与对策。

由于自身能力的局限和理解上的偏差，以上途径的效果也因人而异。笔者认为，在新课程背景下教师观念的转变是教师专业发展的关键，而要做到这一点，必须在以下方面寻求突破。

一、探索有效教学的路径

时下的中学地理教学，有两点值得我们注意：不少学生对他们接受的地理教学不满意，或者根本谈不上对地理学科的整体理解和兴趣。而几乎所有的教师都把学生对地理不感兴趣的原因归咎于地理在基础教育中的学科属性，以为学生受"考试棒"影响，不可能也不会重视地理知识，如果说是重视，也仅仅是为应试。从中，我们不难发现——师生对中学地理教学的认识存在着分歧，好像都只强调了客观，而对主观反思不够。这里，我们需要思考：进入学习型社会后，地理能为现代人才的素质做些什么？在终身学习的框架内，中学地理教学能够解决哪些问题？进而提升学生地理学力，丰厚学生文化底蕴，丰富学生情感的途径。我个人认为，成功的地理教师，并非仅局限于按部就班地教书，而要多考虑如何在有限的课堂内外，让地理课生动有趣有实效。从发展自身专业文化的角度考虑，必须探索出一些有效教学的路径。地理教师应树立"教室即研究室，教师即研究者"的意识，在"课堂拼搏"中"学会教学"。我觉得"工夫"在课外的"备课"，以往，我们往往重视"备课本"与"备学生"，而今，我认为"备自己"比"备课本"、"备学生"更重要。如何备好自己呢？那就是要追求"使上课成为自己最得意的事情"的境界。通过自己的努力，让学生感觉到：听自己的课，简直是一种享受！为此，不断培根固土，是地理教师专业发展的最急切的任务。这可以包括：系统学习专业课程，适应形势发展的需要；设法提高自己的教育理论水平；做有心人，通过各种渠道，及时收集和整理适宜的教学资料、索引和卡片，从实际需要和关注发展出发，不断拓宽知识领域。

二、做成功的学习者

而今，人类正匆忙地走在“知识经济”的大道上，“终身学习”演绎成人生需要，学习是教师对书本知识体验的唯一途径。在地理教学中，教师的作用是要引导学生根据自己的生活经历、情感体验、审美情趣、直觉能力去参与再创造。在此，若教师自身缺乏对书本知识深刻的体验，仅仅照本宣科地去解释、教学，其给学生实际的指导显然微不足道。教师的学习是产生个人体验的重要途径，教师要成为学习的先行者，以地理学科知识为主，兼通其他各方面知识，并产生积极的学习体验，建构中学地理教师的多元知识结构，这是我们走进课堂的前提。

另外，成功的学习者对方法的感悟具有重要的教学价值。“学高为师”更含有对“学高”的途径与方法的崇尚；“授之以渔”的古训更明确要求传授者须有“渔”的经验，将学习者控制与调节自身的学习、记忆与思维认识过程的能力传授给学生。一个成功的教师，首先是一位成功的学习者。

一位成功的学习者，也是能坦然引领学生走进自己“书房”的人，现在有些教师，借口所谓的“忙”，平时不太注意专业阅读或修养，更谈不上建立自己的书房，藏书量一般很少。从名师发展历程来看，一个学习型的教师，一般家庭藏书量要在 600 册以上（我认识的地理教师中，藏书量最多的接近 6 000 册），而至少一半是专业图书。试想，如果地理教师能引领学生走进自己的藏书世界，对学生潜移默化的影响是可想而知的。

三、在探索性教育实践中与学生共进

一位全国知名的中学语文教师，他把自己的成功归因为“与学生一起发展”。我觉得此话有道理，这是因为：

教师转变教学观念和教学行为是新课程得以实施的基本条件，而这一转变有赖教师自身的实践探索才能真正实现。面对新的课程环境，教师可利用的现成经验不多，必须不断反思、调整和提高。教师具有扎实的学科基础只是一方面，更重要的还在于学科之外的专业素养。“学科的功夫在学科外”是教师专业发展的基本方向，也是提高教学实效的关键。高效能的教师懂得从自身经验出发，把教学作为一种开放的能够与自己的经验进行交往的过程，还能从本身的教学问题出发进行研究与评估，从内涵中提升自我专业素质。

素质教育给教师自主性发挥留下了余地，教师自主地位的转变需要实践体验。应该指出，教学面对的是主动丰富的学生实际，有经验的教师，会及时依据学生学习的状况调整教学；教师的教学智慧与艺术，更多地体现在细小环节的应变处理中，这就需要教师走近学生，了解学生。欲强调学生的主动性、尊重学生的主体性，必须通过与学生一起在发展中实现自身的跨越式发展。比如，在平时，教师要注意有关地理教学过程的事实性材料的积累，在大量阅读背景性素材后及时进行反思等。教师可以成为“反思的实践者”，在反思中调整自己，实现个人的螺旋式上升。

教师需要把生活作为学科教学的背景，开放教学的空间。传统的地理教学往往是：师生共同生活在与真实的生活割裂开来的“小天地”中，学生在教师的“带领”下，机械地重复着辛苦的“劳作”，期望得到“知识”的丰收，其实质是学生被禁锢在学校及课堂中。改变这种状况的关键在于教师，教师要结合实际，把学生的校内和校外生活、学习世界与生活世界结合起来，相互沟通，以开放教学的空间，这对教师的专业发展而言，无疑也是一种有效途径。当前，许多老师推崇“在生活中学”、“在基地中学”的做法，既丰富了教育的内涵，更促进了教师的自身发展，也涌现出了一批名师。

创造型人才的培养呼唤创造型教师的出现。当前，对教师专业发展的误解之一是片面强调教师职业技能的提高而忽略了教师整体人格的提高。完善的人格还包括积极的进取精神、良好的竞争意识与健康的心理状态，这是中学地理教师走向成熟的保障，也是自主成长的重要动力。欲完善教师的人格，措施之一是需要我们主动构建个人的专业内涵，发展属于自己的个人理论。这样可使教育真正成为一个民主的、开放的讨论领域，有助于建立强调教师专业发展的同伴互动和合作文化。通过在“与学生一起成长”的行动中研究，创造性地唤起教师对所从事的职业的内在尊严与欢乐。

教师需要可持续发展，地理教师在实现自身专业发展的过程中，可以获得更多的经验与启迪，从而校准目标，把握路径，充满自信地走在发展的前列。

附录

创新类指导

不同植物滞尘能力的初步研究

罗峙渟　李科煌

摘要： 以麦冬、广玉兰、白玉兰、紫藤、窄叶十大功劳、杜鹃等为例，对校园内常见植物的滞尘能力与树种、叶面积、叶表面光滑程度、叶的结构与疏密度等的关系进行了初步研究。结果表明，灌木层植被的滞尘效果最明显，乔本植物离地 0.6—2.6 m 之间的叶片滞尘效果最好，草本有吸附力的表面积与其高度有关。建议在颗粒物污染严重地区，应选择滞尘效果佳的绿化，科学配置草本、灌木、乔木的比例，形成立体绿化，做到每隔一周左右实施人工降雨或彻底冲淋树叶。而对草地修剪过勤，不利于其滞尘性能发挥。

关键词： 不同植物；滞尘；能力

1　引言

2003 年底，上海市被评为“国家园林城市”，上海的绿化工作取得了巨大成绩。校园绿化是我市整体绿化中不可分割的部分，如今，不少校园成为名副其实的“绿色学校”，但在绿化质量方面的研究还不多。近年，上海空气质量总体上有所好转，但距离“天更蓝”尚有明显差距。有关资料表明[1]，上海大气的首要污染物为可吸入颗粒物。大量科学研究证明[2]，植物能净化空气、吸烟滞尘。本文就校园内的植物对悬浮物是否有滞留作用，以及在这些植物中，哪些植物的滞尘能力更强作了初步探究,以期为校园、企事业单位、居民小区、城市绿地的绿化及树种选择提供一些科学建议。

2 滞尘原理

植物的滞尘作用,实际上是自然净化作用。其主要机理为:当颗粒物粒子随风通过绿化时,植物的阻挡作用使风速骤然减小,空气中的粗粒子下降增多,或碰撞而降落;比较小的粒子(如粒径小于 10 μm 的飘尘 PM10)或被枝叶截留,或为枝叶和树枝所吸附,因而,植物能起到过滤空气的作用。因为,植物叶子的表面粗糙不平、多绒毛,有些植物还能分泌油脂和黏性汁液,从而提供了截留和吸附大量气溶胶粒子的条件。草地和灌木植物生长茂盛时,其叶面积总和可比其占地面积大 22—30 倍[3],因而对气溶胶粒子的滞留和吸附作用也是明显的。而且,无论是高大的乔木还是低矮的灌木、杂草,黏附其上的尘粒被雨水淋洗后,其枝叶又可重新恢复截留和吸附作用,周而复始,植物的滞尘能力可不断地更新利用。

3 研究方法

实验器材:玻璃片、细胞计数板、剪刀、透明粘胶带、显微镜、镊子、光电分析天平、干燥器、吸水纸等。

植物选择:选择复旦附中校园区内不同类型、生长条件一致、能充分接受粉尘的绿化植物(考虑了不同位置、绿化类型、叶片新老程度等诸多因素),在类似环境条件下进行比较研究。测试植物的样本选取遵循普通、常见[4]、数量较多和乔灌草(本)兼顾的原则。

空白试验:将有植物滞尘与无植物滞尘的地方进行对照研究。记录颗粒物量,进行植物滞尘能力的粗量化研究。

实验方法:测定前,需将待测植物充分淋洗(假定叶上粉尘量为 0,高大乔木待降大雨后开始测试)。在植株的不同部位随机安放数枚粘有胶带的玻璃片。数天后,在玻璃片上方摘取对等数量的叶片,叶片中部粘上胶带,用食指很快一抹,使其均匀粘尘,然后剪下叶片,收集回实验室。撕下胶带,让沾尘面朝上,均匀平贴在细胞计数板上。(注意:在拓印过程中，尽可能不在胶带上留下指纹，并将胶带展平后紧贴于玻璃片上，以减少气泡数[5]。观察时不可将胶带粘面接触细胞计数板，否则会影响视野清晰度，并污染计数板。）

在低倍镜下观察，计算数个计数板内若干中格内的尘粒数。观察时，注意使用细准焦螺旋分辨重叠的尘粒[6]。根据图 1 中方格大小换算成 1 mm^2，计算其内尘粒数。

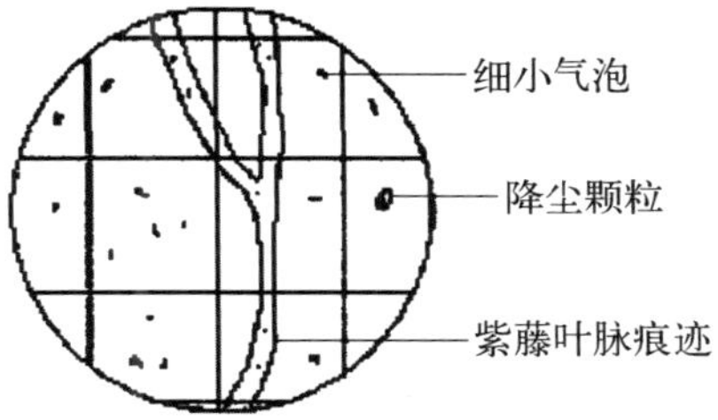

图 1　灌木层高度(0.6 m)紫藤叶片滞尘 (K=10×10)

4　结果与讨论

4.1　实验结果

4.1.1　定性研究　我们选取麦冬草作为地被植物样本，选取金边黄杨作为灌木层样本，选取白玉兰作为乔木层样本，在各典型部位取样，进行显微镜观测统计，结果见图 2—图 4。

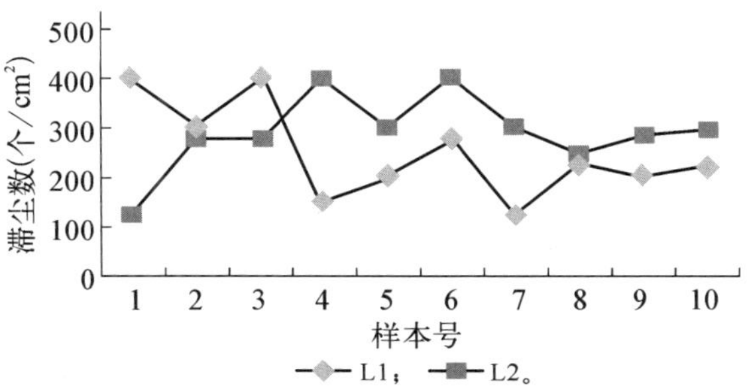

图 2　麦冬叶片滞尘数(L1)与粘胶带滞尘数(L2)比较

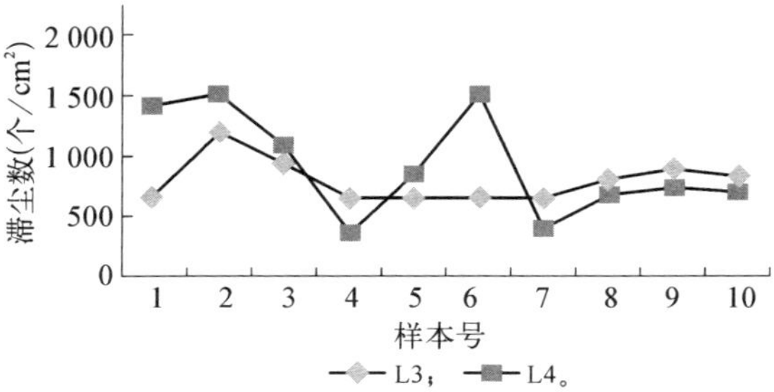

图 3 金边黄杨叶片滞尘数(L4)与粘胶带滞尘数(L3)比较

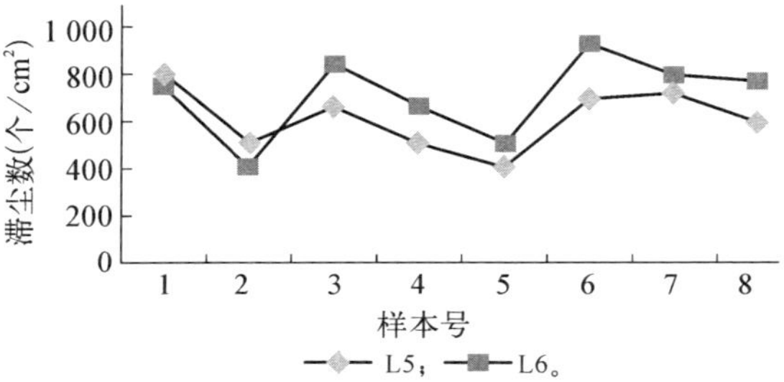

图 4 白玉兰叶片滞尘数(L5)与粘胶带滞尘数(L6)比较

4.1.2 定量研究 将不同种植物的叶片分别进行处理。先将叶片分别放入光电分析天平中称重；然后将其用水洗净，用吸水纸吸干后，放入干燥器中干燥 45 min，再称量，并计算叶面积，其结果见表 1 和图 5、6。

表 1 学校常见绿化(外层接触带)的滞尘量统计

树种		滞尘量(μg/cm²)
落叶乔木	榆树	1 235
	木槿	815
	白玉兰	550
	鸡爪槭	550
	日本晚樱	275
	银杏	263
	白杨	206
常绿乔木	桂树	375
	广玉兰	339

续　表

树　　　种		滞尘量(μg/cm²)
针叶林	侧　柏	320
	水　杉	140
	雪　松	96
灌　木	金边黄杨	650
	杜　鹃	560
	夹竹桃	530
	窄叶十大功劳	467
	紫　薇	445
	含　笑	360
	紫　藤	235
	海　桐	181

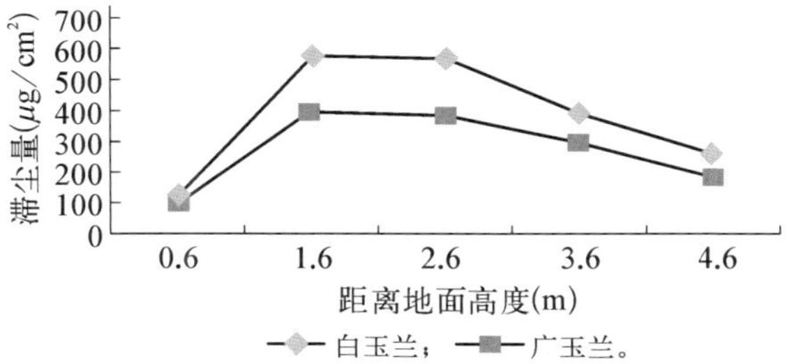

图 5　外层接触带不同高度白玉兰和广玉兰滞尘能力比较

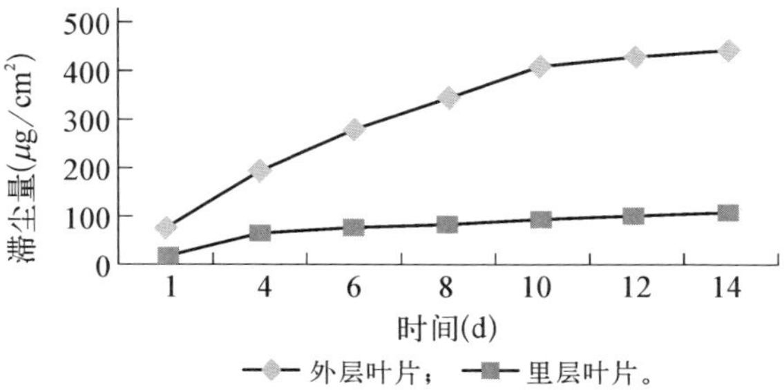

图 6　窄叶十大功劳叶片滞尘效果随时间变化关系

4.2 不同植物及植物高度的滞尘效果

由图1—图3可见，不同植被层的滞尘效果不同。本实验选用3种不同高度处的植物（地被草本麦冬、灌木金边黄杨及乔木白玉兰）的叶片作为观测对象取样统计，结果显示，灌木层植被的滞尘效果最明显。这是由于受重力及交通工具和大气运动等综合作用，城市空气中大部分灰尘为二次扬尘，它更多地集中在离地3 m以内的灌木层高度。

4.2.1 树种不同，滞尘效果不同。以乔木为例，实验表明，其滞尘效果以针叶树（如雪松、水杉）最差，常绿阔叶树（如广玉兰、海桐）次之，落叶阔叶树（如榆树、白玉兰）最强。这可能是由于针叶树多树脂及黏性物质，滞尘后气孔容易堵塞，雨水不易冲刷掉尘粉，加上针叶树叶子换叶次数少、不易更新的缘故。而落叶阔叶树树脂分泌较常绿树为少，叶子易更新，雨水易冲洗掉叶子上的尘粉，因此具有较好的滞尘性。杜鹃和十大功劳是灌木中滞尘效果较好的。

4.2.2 外层接触带上的植物叶片的滞尘量会随高度而变化，叶片能吸附的降尘颗粒大小随高度增大而减小。对乔本植物白玉兰（高度为0.6 m、1.6 m、2.6 m、3.6 m、4.6 m）吸滞空气降尘量加以实测对比表明：从高度看，叶片滞尘效果最好的是在离地0.6—2.6 m之间，2.6 m以上的滞尘量呈减少趋势，而0.6 m以下的植被主动滞尘能力也弱，主要是被动接受降尘。

4.2.3 叶面积不同滞尘量差别很大。一般单叶面积大的叶片，如白玉兰、木槿等，其表面滞尘比较多。而如水杉、海桐等叶面积小的植物则滞尘量少。

4.3 不同树种的叶片滞尘量不同

4.3.1 叶面积相近灌木比较：金边大叶黄杨和海桐比较，大叶黄杨单叶着生，且叶片主要伸向外侧接触带，故滞尘表面积大[7]，而海桐叶片排列更紧密，接触带叶片面积占总叶片面积比重小，故大叶黄杨滞尘量显著高于海桐。

4.3.2 叶形不同乔木比较：侧柏与雪松，侧柏鳞片形叶，雪松呈针形，侧柏滞尘量远大于雪松。原因可能是鳞片叶间有缝隙易聚积灰尘。

4.3.3 不同光滑程度的叶片滞尘量不同：叶片滞尘量大小与叶表

面光滑程度有密切关系。一般叶面有绒毛或表面凹凸不平的叶片滞尘量大，如乔木中，有绒毛的白玉兰的滞尘量就比叶面光滑的银杏、广玉兰等的滞尘量高得多。而同样是灌木的杜鹃与十大功劳相比，前者表面绒毛和粗糙程度较后者显著，故滞尘量前者多。

4.4 叶片的新老程度、位置和叶片的疏密度等不同，滞尘效果也不同

一般中老叶片的滞尘能力显著高于新叶片。从对几种绿化的对比发现，外侧接触带上的单片叶片的滞尘效果往往是内部单片叶片的数倍以上。叶片生长的疏密对滞尘效果也有显著影响：一般，叶片疏密度高的植被的滞尘能力集中于外层叶片，里层叶片的滞尘机会少。通过观察，发现当叶片间的间距约为 15 cm 的时候，从外到里叶片的滞尘效果递减；而当叶片间距平均超过 15 cm 时，排列越稀疏，且叶片叶子大小相近，则里外滞尘能力均强。十大功劳的单片叶子的叶面积并不大，但有效滞尘叶面积[7]占叶片总面积的比重在我们研究的植物中最高，加上它的特性，故滞尘效果佳。

4.5 天气状况对绿化滞尘能力也有影响

我们仅研究了同一叶片随时间增长滞尘量的变化，图 5 显示：在一周左右的持续无降水天气后，绿化的滞尘效果开始减弱，所以，我们建议，在飘尘严重的地区，每隔一周左右实施人工降雨或彻底冲淋树叶，从而保证其滞尘性能的发挥。

4.6 草坪的滞尘能力

草地中较高的草丛形成了一个具有吸附力的表面积[8]，一旦粉尘附着其上就难以再飞扬。此有吸附力的表面积与草地高度有关。草地高，草丛空间大，吸附粉尘的量就大。相反，剪短的草地能吸附的粉尘量小，净化空气的能力也较差。因此，修剪过勤，不利于滞尘性能发挥。

5 结语

随着城市与环境协调发展呼声的高涨，城市绿化将实现由绿化量到质的根本转变。绿化的环境效益主要表现在缓解城市热岛效应、净

化大气和吸烟滞尘等方面。当前，城市发展对环境造成了一定的负面影响——可吸入颗粒物污染呈上升趋势，选择适宜的绿化树种并在不同功能区（如大型城市绿地、居民小区、学校和企事业单位等）配置适宜的立体绿化结构（如乔木叶片以滞留扬尘为主，而灌木草丛则以滞留降尘为主，绿化时以乔木、灌木、花草组成混合绿化带对悬浮颗粒的滞留效果最好），将对滞尘效果带来积极影响。

现在小区、学校和企事业单位的周边绿化普遍由单一植物带构成（如我校四周多植水杉、香樟等），这样就只在某一叶片相对较密集的高度具有防尘作用，而不能全方位滞尘。今后，学校或社区在选择绿化树种时，除考虑其美观性，也应考虑其滞尘能力，特别是与粉尘污染源（如马路）接触部分应该选择不同类型的混合绿化（如：种植各种乔木、灌木、草本），组成浓密的树丛，形成绿篱。因为由乔木、灌木和地被植物构成的植物带的叶片互相镶嵌，能有效地降低风速，最大限度地阻止尘埃吹向校区及居民区。需要指出的是，草本应该选择多年生常绿植物，对草坪的修剪间隔也应适当拉长，以充分发挥阻挡和过滤作用；灌木和小乔木应该选择常绿植物（如十大功劳、黄杨、桂树等），而高大乔木则宜常绿阔叶林和落叶阔叶林并重。

绿化并非越多越好，就滞尘能力看，应当选取有一定叶间距、透光性佳的绿化品种，可能的话，可以深入研究各种绿化的比例，我们经过观察比较，认为，高大乔木、小乔木、灌木和草本的面积比例大致可以控制在 1∶3∶7∶15 左右，这样的滞尘效果可能较好；若希望通过绿化尽可能地实现校区整体滞尘效果，则建议林地比重应当超过学校总面积的 25%，而绿地总面积宜超过学校的 45%为好。这样，将保证校园的空气更清新。

参考文献

[1] 上海市统计局编.2004 上海统计年鉴.第一版，北京：中国统计出版社，2004：200.

[2] 董成文.绿化植物对环境污染物质净化效益的研究.大气污染与园林植物，1980(3)：25－28.

[3] 李辉.北京 5 种草坪地被植物生态效益的研究.中国园林，1998(4)：36－38.

[4] 张美珍，赖明洲.华东五省一市植物名录.上海：上海科学普及出版社，1993：1－8.

[5] 曲仲湘.植物生态学.北京：高等教育出版社，1989：189－190.

[6] 程红兵.中学生怎样写科学小论文.上海：复旦大学出版社，2000：2－10.

[7] 李开峰.城市人居环境导论.贵阳：贵州人民出版社，2003：136－148.

[8] 刘贻虹，张磊.关于城市道路绿化带及绿化的初步设计.2002，http://www.hnsz.com.cn/jyzc/yjxxx/chengguo/huly/web.

（指导教师：杨士军）

三聚氰胺的生物急性毒性探究及其恢复性实验

谢聿斐　方　寅

摘要： 本实验通过对不同种类的实验鼠进行三聚氰胺染毒实验，观察实验鼠中毒后的毒性反应，检测其血清生化标准，剖检肾脏并观察实验鼠肾脏功能的恢复情况。得出三聚氰胺属于微毒性物质，其毒性作用的靶器官为肾脏。对实验鼠施以三聚氰胺或三聚氰胺和三聚氰酸混合制剂都可以对实验鼠造成不同程度的肾小管继发性损伤并最终导致肾功能衰竭，混合制剂造成的损伤更为严重。而经三聚氰胺染毒后的实验鼠，在不给予任何干预治疗的情况下，可以通过自行修复形成新的肾组织毛细血管网，使其肾脏功能得以恢复。

关键词： 三聚氰胺；三聚氰酸；肾染毒；肾损伤恢复

1　课题的由来

“民以食为天”，当前食品安全已成为最为重要的民生问题之一。2007 年美国发生多起宠物中毒事件，经调查是宠物食品的原料受三聚氰胺污染，并指出其中的小麦麸蛋白原料来自中国。2008 年我国出现多省市集中性婴儿结石事件，调查后发现患儿大多食用了受三聚氰胺污染的婴幼儿配方奶粉[①]。由此引起了一系列乳制品行业性的诚信危机。然而，三聚氰胺的危害并未随时间的推移而消失。2013 年 1 月，中国最大的乳制品进口国新西兰查出奶粉及牛奶中存有化学物质双氰胺，而双氰胺则是制备三聚氰胺的原料[②]。2014 年 8 月，广东省食品药品监督管理局联合广东警方侦破一起涉嫌生产、销售含有三聚氰胺酸奶片糖案件，查扣成品酸奶片糖 12.05 吨，半成品 13.5 吨[③]。因此，我们拟通过对三聚氰胺毒性的分析，研究总结出科学的措施来应对面临的挑战。

三聚氰胺，是一种重要的氮杂环有机化工原料。资料表明，三聚氰胺可能从环境、食品包装材料等途径进入到食品中，但其含量很低，比如婴儿配方食品中三聚氰胺的限量值为 1 mg/kg[④]。不法分子在食品中大量添加三聚氰胺，是因为其分子中含有氮元素（见图 1），氮含量高达 66.7%，折合粗蛋白含量为 416.27%，在食品中每增加一个百分点的三聚氰胺，会比通常定氮方法测定的蛋白质虚涨 4 个多百分点。加之其生产工艺简单、成本很低，且具有一定的黏性，少量添加即可改变产品的口感和黏韧性，带给了造假者极大的利益驱动，这也是违法添加三聚氰胺的重要原因之一。

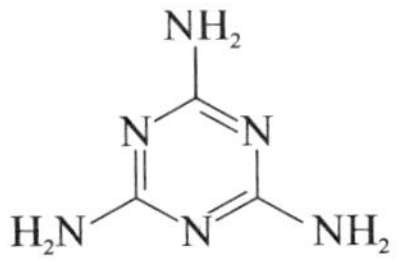

图 1　三聚氰胺的分子结构式

1983 年美国国家毒理学项目组对小鼠和大鼠的三聚氰胺慢性和亚慢性毒理实验结果显示三聚氰胺并未引起肾损伤[⑤]。1986 年哈蒙德（Hammond）等人对三聚氰酸的慢性和亚慢性的实验证实高剂量的三聚氰酸会引起膀胱结石，但研究并未指出三聚氰酸导致肾损[⑥]。直到 2007 年在美国发生了宠物中毒事件，猫和狗在食用了宠物粮食后出现

---

① 摘自 2008 年 9 月 8 日的《兰州晨报》。

② 摘自 2013 年 1 月 25 日的腾讯网。

③ 摘自 2014 年 8 月 1 日的新华网。

④ 摘自卫生部、农业部等五部委发布的《关于三聚氰胺在食品中的限量值的公告》(2011 年 4 月 20 日)。

⑤ 摘自：Carcinogenesis Bioassay of Melamine (CAS No.108 - 78 - 1) in F344/N Rats and B6C3F1 Mice (Feed Study). NTP (National Toxicology Program). Technical Report Series 245 (1983)。

⑥ 摘自：A Review of Toxicology Studies on Cyanurate and Its Chlorinated Derivatives, Bruce G. Hammond et al. *Environmental Health Perspectives*, 1986, 69(11)。

了严重的肾损伤。尽管对三聚氰胺的研究已历时数十年，但仍未能明晰其致毒机理。因此，我们展开了对其肾毒性及其机制的研究，并从三聚氰胺急性毒性实验，三聚氰胺单独染毒与三聚氰胺加三聚氰酸联合肾毒性比较实验，三聚氰胺致大鼠肾损伤的恢复性实验三方面进行分析。

实验中发现体外三聚氰胺与三聚氰酸反应放热，因此推断三聚氰胺和三聚氰酸晶体形成时的结晶热致大鼠肾小管热损伤。在分析体内三聚氰酸来源时，假设在胃酸的条件下，三聚氰胺逐步水解成三聚氰胺二酰胺，三聚氰胺一酰胺，最终形成三聚氰酸。通过体外设定一定浓度的三聚氰胺溶液调节 pH 值，设定不同的反应时间对终液中所含三聚氰胺和三聚氰酸进行测定，以确定三聚氰胺在胃酸条件下的分解情况，找出影响分解速度的主要因素，并据上述肾毒性机制探讨肾损伤修复方法。

2 实验材料及实验方法

2.1 三聚氰胺急性毒性实验

三聚氰胺急性毒性实验是指一次或 24 h 内多次染毒的试验，是毒性研究的第一步。急性毒性实验主要测定半数致死量(浓度)，观察急性中毒表现，以提供受试物的急性毒性资料，确定毒作用方式、中毒反应，并为亚急性和慢性毒性试验的观察指标及剂量分组提供参考。

2.1.1 实验材料

采用清洁级健康成年昆明小鼠，共 40 只，雌雄各半。

2.2.2 实验方法

在购买后饲养 4 天，待其适应环境且确认健康情况后，分别按照 21 500、10 000、4 640、2 150 mg/kg・BW 的剂量进行染毒，经口灌胃给予大鼠。连续染毒且观察 14 天，记录死亡数、死亡时间及中毒表现等毒性反应。

2.2 三聚氰胺单独染毒与三聚氰胺加三聚氰酸联合染毒的对比实验

2.2.1 实验材料

实验设两个实验组和一个对照组，分别为：第一组 9 只雄性大鼠给予三聚氰胺和三聚氰酸各 25 mg/kg・BW/d，第二组 12 只雄性大鼠给予三聚氰胺 25 mg/kg・BW/d，第三组为对照组 12 只雄性大鼠。

2.2.2　实验方法

将三聚氰胺跟三聚氰胺加三聚氰酸的混合物按照以上剂量分别混入饲料给予受试物，对照组给予受试物普通饲料。三组均连续染毒 4 周后处死动物，取血清进行生化检测。

2.3　三聚氰胺致大鼠肾损伤的恢复性实验

2.3.1　实验材料

实验采用清洁级 Wistar 大鼠 40 只，对照组和染毒组各 20 只。体重 80.0 g±10.0 g。

2.3.2　实验方法

屏障环境饲养，饲养条件温度 24℃±2℃，湿度 45%±10%。三聚氰胺的染毒剂量为 250 mg/kg，经口灌胃，对照组同样进食，但饲料中无三聚氰胺。每天观察大鼠的一般状况，测量并记录体重。连续染毒 4 周后，采集大鼠尾静脉血，分离后血清用全自动生化分析仪测定尿素氮和肌酐两项指标。若这两项指标明显高于对照组，则分别取对照组和染毒组 10 只大鼠腹腔注射戊巴比妥麻醉后颈椎脱臼处死，取剖检动物取肾脏进行大体观察，称重肾脏并计算肾/体比值。

染毒组剩下的 10 只动物停止染毒三聚氰胺，与对照组喂饲相同饲料，不给予任何干预物。分别于停止染毒后 2、6、12 周，采集大鼠尾静脉血，分离血清，进行尿素氮、肌酐指标检测。停止染毒 12 周后，将对照组和染毒组大鼠腹腔注射戊巴比妥麻醉后颈椎脱臼处死，取剖检动物取肾脏进行大体观察，称重肾脏并计算肾/体比值。在实验大鼠染毒 4 周后，停止染毒，在不进行干预情况下自行恢复 12 周后观察大鼠肾脏功能的恢复情况。

3　实验结果及分析

3.1　三聚氰胺急性毒性实验

3.1.1　结果

三聚氰胺小鼠经口 LD_{50} 为 5 840 mg/kg・BW，属于微毒性物质。

其毒性作用的靶器官为肾脏。

3.1.2 分析

染毒48小时后，动物均出现精神不振、反应迟钝、闭目静卧、四肢无力、不思饮食等症状，2 150 mg/kg · BW剂量组无动物死亡，4 640 mg/kg · BW剂量组死亡一只，10 000 mg/kg · BW剂量组与21 500 mg/kg · BW剂量组全部死亡。大鼠雄性组和雌性组结果一样，LD_{50}为5 840 mg/kg · BW。查表可知三聚氰胺属于低毒物质(见表1)。

表1 三聚氰胺对昆明小鼠急性毒性实验结果

性别	动物数(只)	剂 量 (mg/kg · BW)	动物死亡数 (只)	LD_{50} (mg/kg · BW)
雄性	5	21 500	5	5 840
	5	10 000	5	
	5	4 640	1	
	5	2 150	0	
雌性	5	21 500	5	5 840
	5	10 000	5	
	5	4 640	1	
	5	2 150	0	

与对照组比较，可见染毒组的肾脏明显肿胀增大，且颜色呈土黄色，表面看起来比起对照组较为粗糙(见图2)。

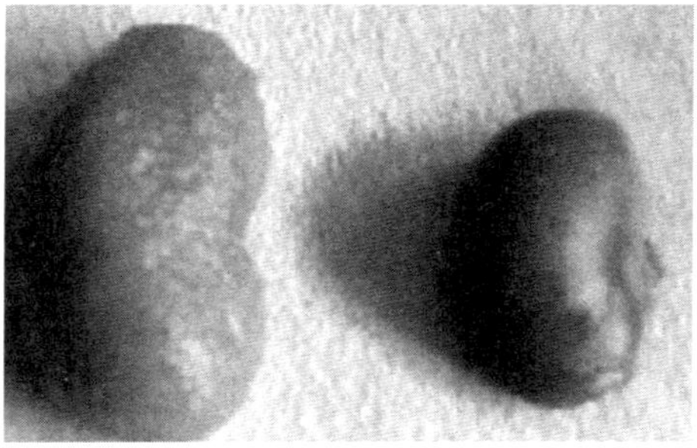

图2 三聚氰胺染毒大鼠肾外观形态学变化，左为染毒组，右为对照组

尿液涂片显微镜下观察结晶物形状(见图3),比较自然状态下的三聚氰胺结晶体(见图4),尿液中的结晶物与自然态的三聚氰胺晶体类似。

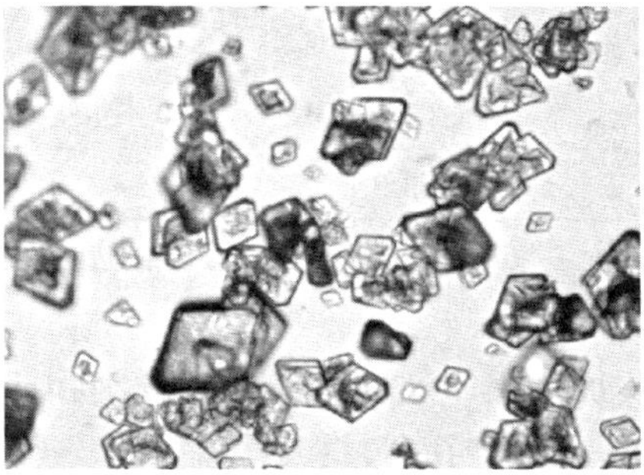

图3 尿液中三聚氰胺晶体(×200)

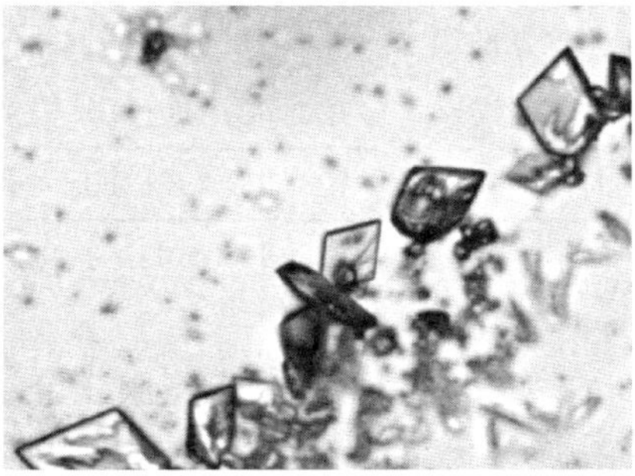

图4 自然状态下三聚氰胺晶体(×200)

3.2 三聚氰胺单独染毒与三聚氰胺加三聚氰酸联合染毒的对比实验

3.2.1 结果

单独给予一定量的三聚氰胺或同时给予三聚氰酸均可在大鼠肾脏形成晶体,造成不同程度的肾小管继发性损伤并最终导致肾功能衰竭,三聚氰胺加三聚氰酸组肾功能和组织病理学改变更为严重。

3.2.2 分析

大鼠染毒4周后两个实验组均表现多尿,少动,体重下降,血清肌酐、尿素氮、甘油三酯增高;肾脏组织病理检查见肾小管中存在大量晶体,肾小管上皮受损。结果显示,大鼠在三聚氰胺单独染毒,或者三聚氰胺加三聚氰酸同时染毒情况下,大鼠肾脏中均出现晶体,并出现肾小管继发性损伤和肾脏衰竭。

三聚氰胺单独染毒组跟三聚氰胺加三聚氰酸联合染毒组在染毒2周后均出现食欲下降、反应迟钝、体重增长慢等现象。在染毒3周后出现多尿、闭目静卧等现象。对照组没有异常表现。

三聚氰胺单独染毒组跟三聚氰胺加三聚氰酸联合染毒组的动物均出现体重增长缓慢的现象,两组与对照组的对比具有统计学意义($P<0.01$),三聚氰胺加三聚氰酸联合组的肾/体改变更大(见表2)。

表 2　大鼠体重及肾/体比值(±s)

组 别	动物数（只）	初始体重（g）	终期体重（g）	增 重（g）	肾/体（%）
三聚氰胺加三聚氰酸组	9	83.2±3.1	157.0±10.7***	73.8±9.5***	2.53±0.21***
三聚氰胺组	12	82.8±3.7	182.4±8.8*	99.6±9.3	1.74±0.09*
对照组	12	82.8±2.3	266.7±9.8	183.9±9.3	0.87±0.04

注：* 与对照组比较 $P<0.01$；*** 三聚氰酸加三聚氰胺联合染毒组与三聚氰胺组比较 $P<0.01$。

三聚氰胺单独染毒组跟三聚氰胺加三聚氰酸联合染毒组的动物肌酐、尿素氮、甘油三酯三项指标比对照组显著升高，且具有统计学意义（$P<0.01$），但三聚氰胺加三聚氰酸联合染毒组的三项指标升高更加明显，且与三聚氰酸组的存在明显差异，且具有统计学意义（$P<0.01$），见表 3。

表 3　大鼠血清生化检测结果(±s)

组 别	动物数（只）	尿素氮（mmol/L）	肌酐（μmol/L）	甘油三酯（mmol/L）
三聚氰胺加三聚氰酸组	9	46.2±10.6***	292.4±12.3***	1.59±0.60*
三聚氰胺组	12	37.4±10.13	207.3±87.11	1.53±0.52*
对照组	12	9.1±1.3	86.4±4.5	0.63±0.35

注：* 与对照组比较 $P<0.01$；*** 三聚氰酸加三聚氰胺联合染毒组与三聚氰胺组比较 $P<0.01$。

三聚氰胺单独染毒组与三聚氰胺加三聚氰酸联合染毒组肾脏，跟对照组比较出现明显肿胀的现象，但是三聚氰胺加三聚氰酸联合染毒组比三聚氰胺单独染毒组肾脏的颜色更呈现黄土色，且外观越来越粗糙，肿胀程度越来越明显（见图 5）。

3.3　三聚氰胺致大鼠肾损伤的恢复性实验

3.3.1　结果

三聚氰胺致大鼠肾损伤的模型中，在不给予任何干预治疗的情况

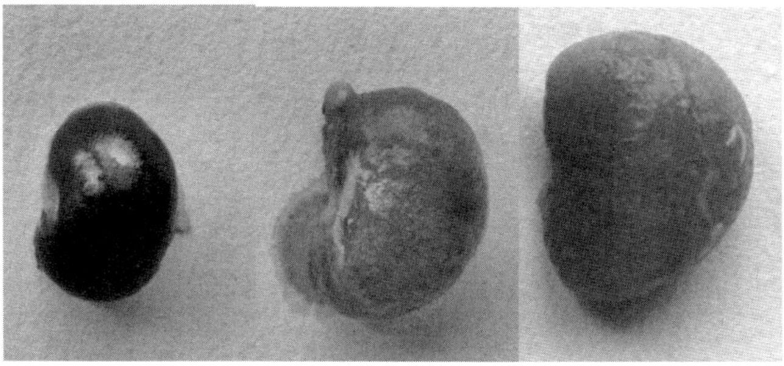

图5　肾大体所见：1(对照组)；2(三聚氰胺组)；3(三聚氰胺加三聚氰酸组)

下，仅靠实验大鼠的自行修复，恢复12周后肾组织中新的毛细血管网渐渐形成，间质细胞分化生成肾小管上皮细胞，新的肾小管逐渐形成。

3.3.2　分析

三聚氰胺染毒组连续染毒4周后，大鼠出现食欲不佳、体重增长缓慢、少动、多尿等表现，终期体重与对照组比较明显下降，有统计学差异($P<0.01$)。在停止染毒后大鼠的上述表现逐渐得到改善，体重增长逐渐加快。在恢复12周后与同期对照组比较无显著变化(见表4)。

表4　三聚氰胺染毒大鼠在染毒期及恢复期体重的变化($n=10, x\pm s$, g)

组别	阶段	持续时间(周)	染毒前初始体重(g)	终期体重(g)
染毒组	染毒期	4	86.7±13.5	158.8±21.6*
	染毒期+恢复期	4+12	83.1±5.85	459.6±28.4
对照组	染毒期	4	86.8±11.5	268.3±18.5
	染毒期+恢复期	4+12	84.6±8.26	489.9±18.9

注：* 与同期对照组比较，$P<0.01$。

三聚氰胺染毒组大鼠的脏器重量和脏器系数如表5所示。染毒4周后的大鼠肾脏重量和脏器系数比对照组明显升高，且存在统计学意义($P<0.01$)。在停止染毒恢复12周后大鼠的肾脏重量和脏器系数与对照组比较无明显不同，无统计学意义。

表 5　三聚氰胺染毒大鼠在染毒期及恢复期肾脏重量及其脏器系数的变化($n=10, \bar{x}\pm s$,g)

组 别	阶 段	持续时间(周)	重量(g)	脏器系数(%)
染毒组	染毒期	4	3.58±0.51[a]	2.26±0.19[a]
	恢复期	12	3.25±0.38	0.67±0.06
对照组	染毒期	4	2.62±0.37	0.95±0.10
	恢复期	12	3.25±0.20	0.63±0.03

注：a 与同期对照组比较，$P<0.01$。

分别取对照组和染毒组的大鼠血清通过生化分析仪分析尿素氮和肌酐两项水平。染毒组染毒 4 周后尿素氮和肌酐两项与对照组比较存在明显升高，在停止染毒后恢复 2 周和 6 周后尿素氮和肌酐两项水平有所下降，但与对照组比较仍然存在明显不同，其差异具有统计学意义($P<0.01$)。恢复 12 周后，染毒组的尿素氮和肌酐两项与对照组的差异不明显，无统计学意义差异(见表 6)。

表 6　三聚氰胺染毒 4 周及恢复 2、6、12 周大鼠血清生化指标的变化($n=10, \bar{x}\pm s$)

组 别	阶段	时间(周)	尿素氮(mmol/L)	肌酐(μmol/L)
染毒组	染毒期	4	17.47±7.07*	129.60±59.28*
	恢复期	2	13.97±3.62*	108.63±18.8*
	恢复期	6	7.72±2.08*	88.31±8.35*
	恢复期	12	4.91±0.73	89.67±5.63
对照组	染毒期	4	5.76±0.34	79.50±0.71
	恢复期	2	5.95±0.38	77.00±2.81
	恢复期	6	5.52±0.48	74.16±3.25
	恢复期	12	4.93±0.15	79.67±3.51

注：* 与同期对照组比较，$P<0.01$。

三聚氰胺染毒组恢复 12 周后的大鼠肾脏与对照组比较，大体观察结果差异不大，染毒组的肾脏表面显示凹凸不平(见图 6)。

图 6 大鼠肾脏大体观察：A(对照组)，B(染毒组)三聚氰胺染毒后恢复 12 周大鼠肾脏的大体观察结果

染毒组连续染毒 4 周后大鼠脏器的剖面图与对照组比较，大鼠染毒 4 周后，肾脏明显增大，且颜色呈现黄色(见图 7)。

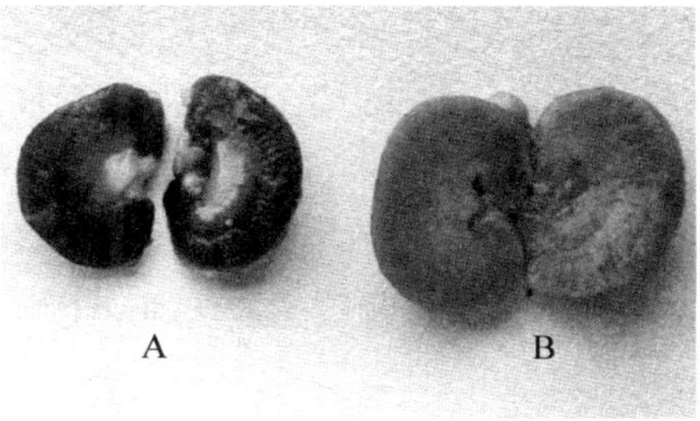

图 7 大鼠肾脏的剖面图：A(对照组)，B(染毒组)三聚氰胺染毒 4 周

4 结论与展望

本研究在大鼠急性毒性实验数据的基础上，探讨了三聚氰胺单独染毒与三聚氰胺加三聚氰酸联合染毒的毒性，以及在不予干预情况下受损肾组织可自行恢复结构域功能。

4.1 结论

4.1.1 急性毒性实验结果表明，三聚氰胺小鼠经口 LD_{50} 为 5 840 mg/kg · BW，属于微毒性物质。其毒性作用的靶器官为肾脏。

4.1.2 单独给予一定量的三聚氰胺或同时给予三聚氰胺加三聚氰

酸均可在大鼠肾脏形成晶体，造成不同程度的肾小管继发性损伤并最终导致肾功能衰竭，三聚氰胺加三聚氰酸组肾功能和组织病理学改变更为严重。

4.1.3 三聚氰胺致大鼠肾损伤的模型中，在不给予任何干预治疗的情况下，仅靠实验大鼠的自行修复，恢复 12 周后肾组织中新的毛细血管网渐渐形成，间质细胞分化生成肾小管上皮细胞，新的肾小管逐渐形成。

4.2 展望

在此研究中通过体外实验证明了三聚氰胺在胃酸的作用下可以转化成三聚氰酸，但没有在体内实验中加以验证，例如检测染毒后动物胃内容物是否含有三聚氰酸；对于三聚氰酸体内形成的机制只是一个初步的探讨，这也同样需进一步的体内试验证实；不给予大鼠任何干预治疗，通过一段时间的自我修复，肾损伤得以修复且肾功能各参数均有所恢复。但后续工作尚需开展在模拟胃酸条件下的研究，取证三聚氰胺在酸性（胃酸 pH）条件下逐步分解的佐证资料，进一步阐明三聚氰胺导致肾毒性作用的机制。在进行三聚氰胺和三聚氰酸在结合成复合体时的放热反应体外检测的同时，能否在动物体内验证肾脏热损伤理论也尚待研究。

5 致谢

在课题选题、技术路线及论文的撰写过程中，得到了复旦附中杨士军老师的悉心指导，杨老师精益求精的治学态度和锲而不舍的科研精神，必将使我们受益终生。感谢复旦大学公共卫生学院的老师在实验环境及操作方面给予我们的具体指导与帮助。

最后，谨以此文献给我们挚爱的父母，我们一定会在今后的学习生活道路上孜孜以求、坚持不懈，不辜负父母对我们的厚爱和期望。

参考文献

[1] 王玉燕，柴玮杰，王明秋.三聚氰胺形成肾结晶体机制与肾损伤关系的研究.毒理学杂志，2010，24(5)：367－373.

［2］綦峥，王玉燕，吴坤.三聚氰胺致肾损伤机制研究进展.中国公共卫生管理，2013，29(5)：571－582.

［3］柴玮杰，高珉之，王玉燕，等.三聚氰胺急性毒性实验的研究.医学动物防制，2009(5)：336－337.

［4］王玉燕，柴玮杰，高珉之，等.三聚氰胺与三聚氰酸联合作用致大鼠的肾损伤.毒理学杂志，2009(3)：243－245.

［5］王娟娟，陈凯，朱小蕾."宠物毒粮"中的假冒蛋白质——三聚氰胺.化学教育，2008，29(8)：4－5.

［6］冯家望，余以刚，欧阳颖瑜，等.食品中三聚氰胺的检测技术现状与展望.现代食品科技，2008，24(10)：1048－1050.

［7］林祥梅，王建峰，贾广乐，等.三聚氰胺的毒性研究.毒理学杂志，2008，22(3)：216－218.

［8］Xiaojiao Zheng，Aihua Zhao，Guoxiang Xie. Melamine-Induced Renal Toxicity is Mediated by the Gut Microbiota. *Sci. Transl. Med.*，2013(5)：1－9.

［9］Thomas R.，Kulkarni G.U. A hydrogen-bonded channel structure formed by a complex of uracil and melamine. *Beilstein J. Org. Chem.*，2007(3)：17.

［10］Ehling S.，Tefera S.，Ho I.P. High-Performance Liquid Chromatographic Method for the Simultaneous Detection of the Adulteration of Cereal Flours with Melamine and Related Triazine By-products Ammeline，Ammelide，and Cyanuric Acid. *Food Addit Contam*，2007(24)：1319－1325.

（指导教师：杨士军）

利用抗生素药渣制取生物油的探究

——探索工业制取抗生素药渣的资源化处理途径

杨　盛

摘要：本探究课题选取三种工业制取抗生素药物（螺旋霉素、洁霉素和吉他霉素）的药渣在亚/超临界流体中进行液化，主要考察不同反应温度、反应时间、固液比对液化产率的影响，从而确定较佳的转化条件。实验结果表明，在同等条件下，吉他霉素的产油率高于洁霉素高于螺旋霉素，而此三种药渣的产油率又显著高于其他如已经公布的浒苔、秸秆、水葫芦等基于亚临界水热液化技术的产油率。另外，在300℃，无催化剂条件下，反应时间持续10分钟左右，采用1∶6或1∶7.5的固液比都能使三种药渣的产油率得到提高。相对于浒苔、微藻和木质纤维素热解得到的生物油热值来说，三种药渣具有较高能量密度，热值基本在31—32 MJ/kg。

关键词：螺旋霉素；洁霉素；吉他霉素；亚/超临界流体；资源化利用

1　课题的由来

2012年7月，我们一家到河南旅游考察，途经驻马店，父母拜会了当地一位在著名制药企业任职的朋友，我们就在他陪同下顺便作了一番参观考察，遂对制药流程等有了一个初步了解。我们发现，该厂每年制造出的药渣废弃物也有一定的量，通过资料的查询，我了解到自2009年起，我国抗生素产量和出口量已居世界第一。[1]由于药渣中还有一定的残留抗生素，故这些富含玉米淀粉的残渣不能直接用于肥田。该厂为了让这些药渣达标排放，使用大量的能源把它们加热干燥，此举显然治标不治本，结果既污染了大气环境，也消耗了不少的资源和财力。

能否将药渣更好地加以利用，化垃圾为资源，成为我心中挥之不去的念想。回到上海后，在向复旦大学环境科学与工程系张老师咨询课题的可行性时，我们注意到张老师正是研究利用水热液化技术将生物质能转化为生物油领域的专家，于是，在他的支持、指导下，我利用暑假，以该企业的三种药渣样品为例，进行了生物质能转化的资源化比较研究。

许多抗生素药物的药渣由于含有丰富的蛋白质、多糖、脂类等，不含木质素，在较低温度下易热解，且自身含水量高（70%—80%），可不经干燥处理，直接实现亚临界下的液化。该方法在反应时间上仅需半小时甚至几分钟，转化率高，生物油易于分离。本研究选取三种工业制取抗生素药物（螺旋霉素、洁霉素和吉他霉素）的药渣在亚/超临界流体中进行液化研究，试图通过试验，探索生产生物油的有效途径，进而期望通过进一步精制加工如催化加氢脱氧，调整C、H比例，可得到汽油和柴油，以及高附加值的化学品等[2—6]，应具有广阔的发展前景。

2　材料与方法

2.1　实验材料及处理

选用河南某大型国有药企生产抗生素的药渣作为研究材料。

分别取三种样品在60℃恒温中充分烘干，再用浙江产F80型高速粉碎机粉碎至50—100目备用。三种药渣部分理化性质见表1。

表 1　三种实验材料的部分理化性质

	水分%	抗生素含量 mg/g	pH
螺旋霉素(湿)	78.1	0.153	7.68
螺旋霉素(干)	12.5	0.006	7.02
洁霉素(湿)	75.5	5.42	3.47
洁霉素(干)	11.78	0.028	3.74
吉他霉素(湿)	77.9	0.163	7.28
吉他霉素(干)	11.57	0.004	5.23

药渣中的有机元素 C、H、N 用元素分析仪测定，O 的含量由 O(wt.%)=100－(Ash+C+H+N)(wt.%)计算得出。三种药渣的组成分析结果如表 2 所示。

表 2　三种药渣的组成特征

	工业分析(wt.%)			元素分析(wt.%)*				
药渣名	VM	FC	Ash	H	C	N	O	H/C
螺旋霉素	46.00	25.10	28.90	2.57	23.41	1.98	43.14	1.10
吉他霉素	59.90	19.80	20.30	2.23	17.79	1.27	58.41	1.25
洁霉素	52.90	23.52	23.58	2.62	23.07	2.22	48.51	1.14

* 在药渣干基上测得的平均数。

2.2　实验方法

2.2.1　实验设计

本实验以工业制取螺旋霉素、洁霉素和吉他霉素的干药渣为原料，选取水(来自复旦大学生产的去离子水)作为液化介质，在一个由复旦大学环境科学与工程系自行研制的 250 ml 的磁力反应釜[7]中进行水热液化实验。考察温度、反应时间、固液比对液化产率的影响，从而确定较佳的转化条件和关键技术。

2.2.2　主要的实验仪器

表 3

仪器名称	型号规格	生产商
电子天平	BS210 精度 0.000 1 g	德国 Sartorius 公司
溶剂过滤器	2.0 L	上海济成分析仪器有限公司
旋转蒸发仪	R - 200	瑞士 Büchi 公司
水循环式真空泵	真空度 0—0.09 MPa	上海大颜仪器设备有限公司
热重分析仪	DTG - 60H	日本 Shimadzu 公司
元素分析仪	Vario ELIII	德国 Elementar 仪器公司

2.2.3　关键设备图示

本研究使用的主要设备：磁力反应釜的系统组成(复旦大学环境系自行研制)。

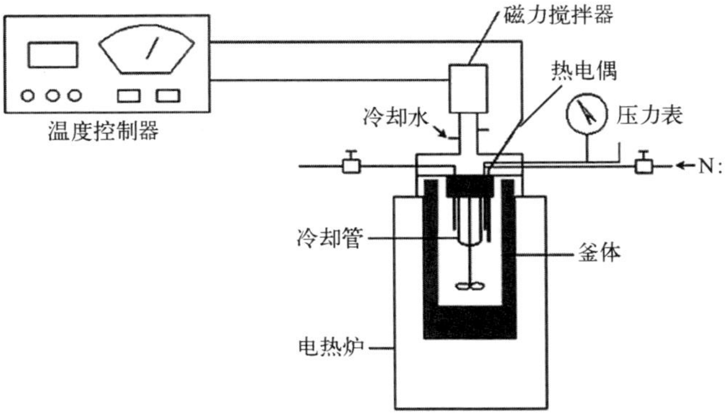

图 1

2.2.4 分离过程技术路线图示

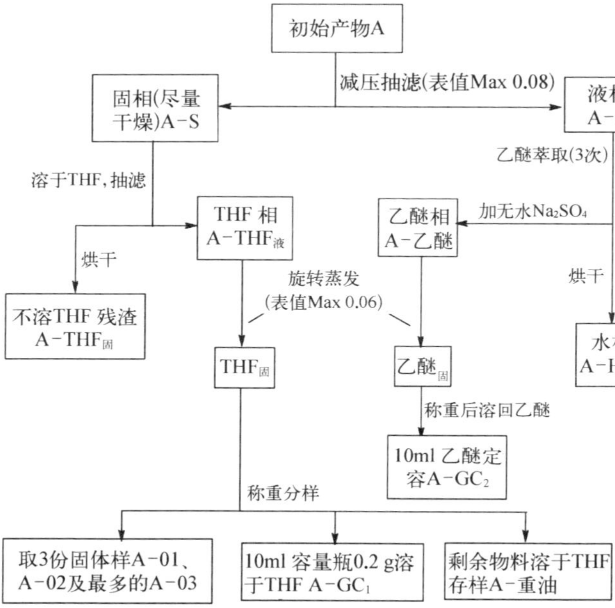

图 2

2.3 液化反应时间的界定

液化反应时间是指从反应釜启动加热后,同时反应釜内以 155 r/min 进行自动搅拌,由室温加热到达预设温度并保持到停止加热开始冷却的一段时间,如图 3 所示,以水随时间的升温过程定义液化反应时间。

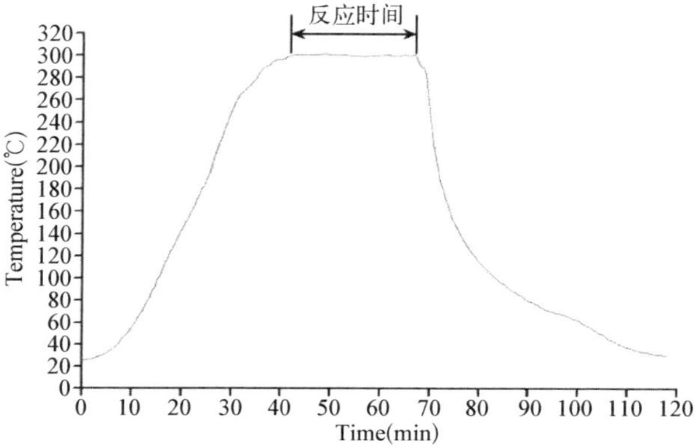

图 3 液化反应时间定义

2.4 药渣液化结果产物说明

三种药渣的亚临界水液化结果主要考察固体残渣(SR)和生物油(Bio-oil)的产率，以及液化反应过程中的物料平衡，包括水溶相产物(WSP)和气体产物(Gas)等的产率，需要说明的是，气体产物是通过差分法获得的，该部分实际上包括了液化过程生成的气体、水(按蒸汽形式)以及水溶性产物在蒸发过程中损失的部分。分别依据以下计算式得出[3][8]：

$$SR(wt.\%)=\frac{W_{residue}}{W_{feed}}\times 100\% \tag{1-1}$$

$$Bio\text{-}oil(wt.\%)=\frac{W_{oil}}{W_{feed}}\times 100\% \tag{1-2}$$

$$WSP(wt.\%)=\frac{W_{water\ soluble}}{W_{feed}}\times 100\% \tag{1-3}$$

$$Gas(wt.\%)=1-(Bio\text{-}oil+SR+WSP)(wt.\%) \tag{1-4}$$

2.5 热值计算

生物油用 FTIR 傅里叶红外光谱分析，其化合物组成采用 GC-MS 气质联用分析，分离出的化合物用 NIST02 质谱数据库进行鉴定。在对生物油进行元素分析的基础上，生物油的高位热值 HHV 由 Dulong 公式：$HHV(MJ/kg)=0.338\,3C+1.422(H-O/8)$计算得到。

3 结果分析与讨论

3.1 反应温度对液化产率的影响

图 4—图 5 是三种药渣分别在 260—340℃，反应 10 min 的液化产率分布。产物的产率是基于物料质量平衡得到。

由图可知，经四氢呋喃萃取后的固体残渣(SR)和水溶相产物(WSP)的产率，比其他三种产物产率高出很多。两类物质一般可以占到全部比重的 40%—60%左右。其中以螺旋霉素的固体残渣和水溶相产物占比最高。

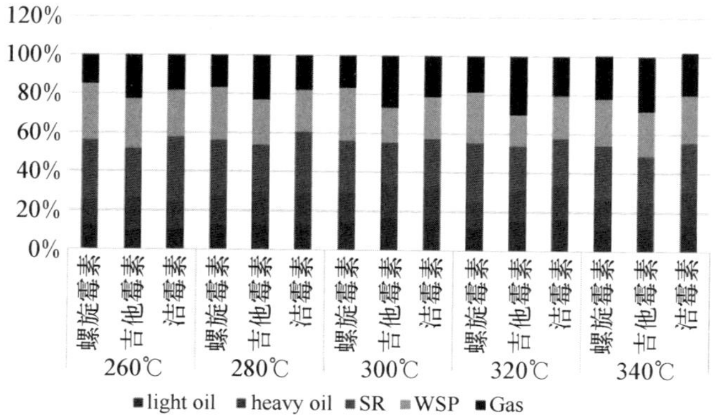

图 4　三种药渣在不同温度条件产率分布(反应时间: 10 min,无催化剂)

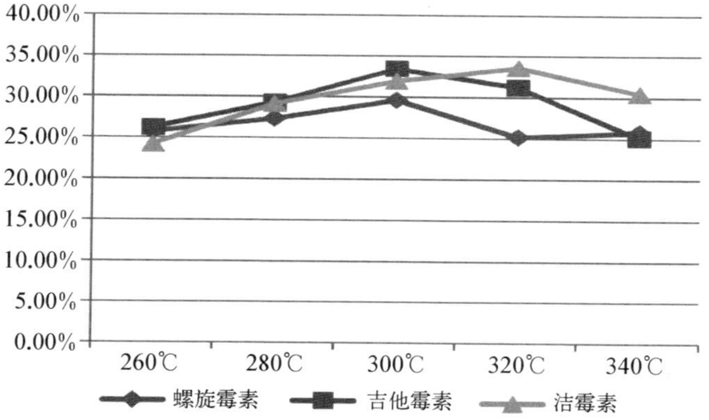

图 5　三种药渣在不同温度条件生物油产率分布
(反应时间: 10 min,无催化剂)

水溶相产物(WSP)中,螺旋霉素比例也是最高,而洁霉素和吉他霉素的产物比例基本相当。至于水溶相产物为何比例较高,这主要是由于药渣中含有大量的盐类物质,这些盐类来自药渣的灰分,如图 6 所示。从中可以看出,原料本身含有 20%—25%不等的灰分,而灰分的主要组成是水溶性元素,如 Na、K、P、Mg 和 Ca 等。综合分析,水溶性产物的产率随着液化温度的上升而呈下降趋势。水溶性产物的含量变化与产油率基本呈现负相关关系,即当产油率提高时,水溶相产物相应减少,这说明温度的变化对水溶性产物中物质转化为油具有一定影响。

而螺旋霉素的水溶相产物高，说明螺旋霉素水溶相转化为生物油的转化效率较低。

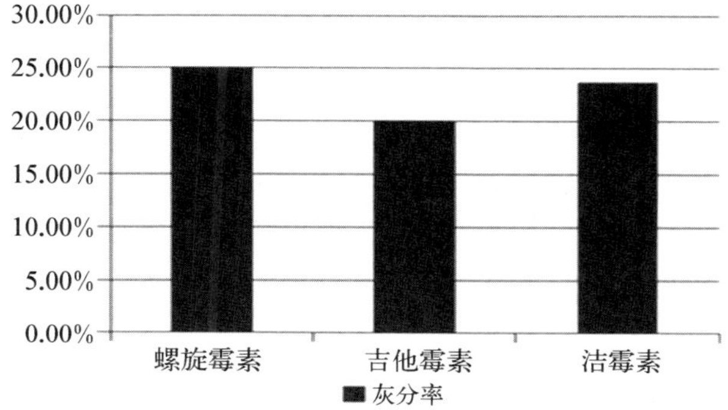

图 6 三种药渣的平均灰分率

再看固体残渣，其产率总体是随着温度的上升缓慢减少，产率为 22%—33.4%。其中吉他霉素的固体残渣产率相对较高，螺旋霉素次之，洁霉素的固体残渣产率最低。就反应温度看，当反应温度为 300—320℃时，固体残渣产率较低，而 260℃时，则残渣产率较高。

整体上看，生物油产率吉他霉素大于洁霉素大于螺旋霉素。且这三种药渣在 300℃左右的产油率较高，280—320℃之间的反应温度是一个比较理想的温度段。就重油与轻油产率而言，三种药渣均显示重油产率高于轻油产率。在不同反应温度条件下，螺旋霉素轻油产率变率比较小，稳定在 11%—13.7%之间，而洁霉素与吉他霉素轻油产率随温度变化幅度相对较大，一般在 9.7%—15.9%之间，表明温度条件对轻油产率影响较大。而温度条件对重油产率的影响相对幅度较小，不同温度下，三种样品的重油产率变化基本在 3 个百分点以内，而 300℃时，重油产率均显示最高。因此，可以认为，300—320℃的反应温度是保持较高产油率比较理想的条件之一。

总体而言，三种药渣的生物油的产率在 260—300℃随温度的上升而增加，到了 320—340℃则有所下降，产率一般在 24.2%—33.4%。除个别外，气体产率在 260—340℃随着温度的上升而上升，气体产率在 14.8%—30%。其中，吉他霉素气体产率相对高于其他两种药渣。就气体产率随反应温度变化幅度看，洁霉素的气体产率变化比较小，而吉他霉素和螺旋霉素的变化幅度基本在 7 个百分点左右。

3.2 反应时间对液化产率的影响

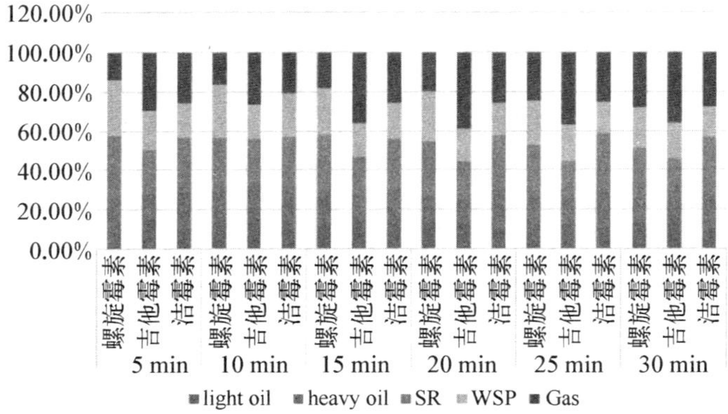

图 7 三种药渣在 300℃，无催化剂条件下不同反应时间产率分布

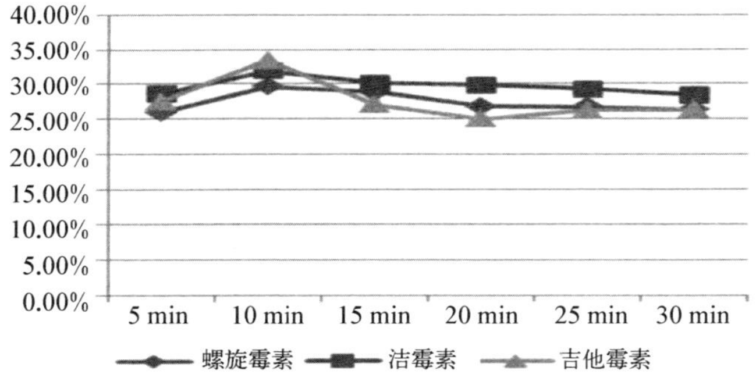

图 8 三种样品在 300℃，无催化剂条件下不同反应时间产率分布

结合以上图表还可以看到，反应时间显著影响生物油的产率。生物油产率在 5—10 min 内，三个样品均呈现上升趋势，平均上升 4 个百分点，最多的吉他霉素上升近 6 个百分点。但是随着时间进一步延长到 15—30 min，生物油的产率并未进一步增加，甚至有所减少，如螺旋霉素。说明过短的反应时间不利于生物油的形成，而反应时间过长又会促进气体和焦炭的生成导致生物油产率下降。这与固体残渣比例的变化是有些关联的。从图 8 看,10—15 min 是三种药渣水热液化的一个适宜的反应时间,有利于生物油产率的提高,尤其是吉他霉素。整体上而言,洁霉素的产油率比较稳定,不同反应时间对其产油率影响不太明显。

反应时间是药渣水热液化的另一个重要参数。三种样品的固体残渣显示:固体残渣占比最高,其中螺旋霉素的固体残渣比例最高,平均占比 30%,而吉他霉素的固体残渣占比相对小,一般在 20%左右。总体呈现反应时间越长则固体残渣呈下降趋势。

水溶相产物(WSP)产率基本在 15.6%—28.4%波动,高于轻油和重油任何一种产物的产率,且随时间的延长而缓慢下降。三种样品中,螺旋霉素的水溶相产物最高,基本在 20.6%—28.4%之间,吉他霉素和洁霉素的水溶相产物则基本相当,大致在 15.6%—21.8%之间。说明吉他霉素和洁霉素的生物油转化率要优于螺旋霉素。对于气体产物,需要指出的是,气体产物大致从 5 min 到 10 min 发生下降可能是由于在反应 5 min 时 WSP 回收损失引起的,因为在水溶相的蒸发过程中大量的小分子有机物会很快挥发。而 10—30 min 之间,气体产率基本呈现增长趋势。

3.3　固液比对液化产率的影响

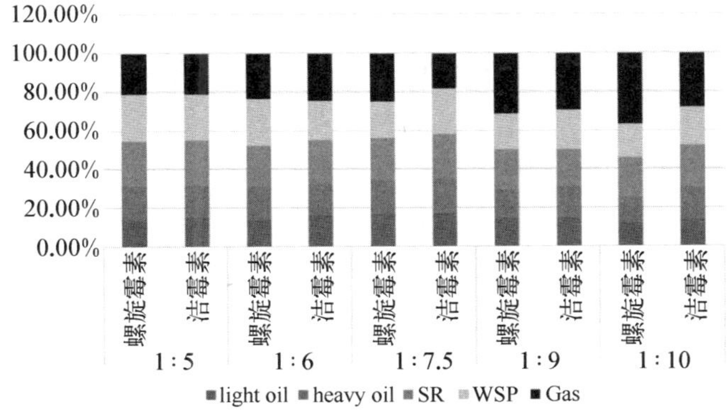

图 9　螺旋霉素、洁霉素药渣在 300℃,无催化剂,反应时间 10 min,不同固液比情况下的产率分布

表 4 两种药渣的产油率比较表

药渣样品	固液比	1∶5	1∶6	1∶7.5	1∶9	1∶10
螺旋霉素	轻油	12.6%	13.3%	16.1%	14.1%	11.3%
	重油	18.3%	17.2%	17.8%	15.1%	13.6%
	合计	30.9%	30.5%	33.9%	29.2%	24.9%
洁霉素	轻油	14.9%	15.9%	16.8%	14.1%	13.5%
	重油	16.2%	15.9%	18.6%	16.2%	16.5%
	合计	31.1%	31.8%	35.4%	30.3%	30.0%

图 9 及表 4 是两种药渣在 300℃，固液比 1∶5—1∶10，反应 10 min的液化产率变化。固液比为原料和溶剂的质量比，在加入药渣原料质量 20 克不变的条件下，通过改变加入水的体积来改变固液比。可以看到，两种药渣中，洁霉素的产油率要比螺旋霉素高。两种药渣均在固液比为 1∶7.5 时生物油产率最高，1∶6 时生物油产率较高，而残渣率相对最低。加水量过少则反应釜内不能充分搅拌，可能导致反应不完全，残渣率高；加入水量也不宜过多，一方面会造成部分生物油成分进入水相，或转移至残渣中，另一方面也会增加产物后续分离处理成本。相比而言，固液比对螺旋霉素产油率的变化影响更大，所以，要提高螺旋霉素的产油率，一定要考虑恰当的固液比的设定。因此，本实验选取固液比 1∶7.5 最佳，即 20 g 干药渣加 150 ml 水。

3.4 生物油热值分析

表 5 是两种药渣在 300℃得到的生物油的元素组成与热值。两种生物油的碳、氢、氮含量分别为螺旋霉素 69.96、8.751、5.173 5 和吉他霉素 66.68、8.908、3.926，对比表 2 中两种药渣原料的碳、氢、氮组成，有了大幅提高，虽然 H/C 值变化不大，但含氧量则显著下降，显示出了较高的能量密度。

表 5 两种药渣的生物油的元素分析与热值(wt.%,300℃条件)

名 称	C	H	N	O*	H/C	HHV(MJ/kg)
螺旋霉素	69.96	8.751	5.173 5	16.115 5	1.25	31.83
吉他霉素	66.68	8.908	3.926	20.486	1.34	31.62

通过实验研究并参照有关公式,我们得到两种药渣经过水热液化产生的生物油的高位热值为 31.83 MJ/kg(螺旋霉素药渣)和 31.62 MJ/kg(吉他霉素药渣),高于相关文献中发布的如大型海藻浒苔液化得到的生物油热值 28.74 MJ/kg[9]、由微藻液化得到的生物油热值 29 MJ/kg[10],高于木材等木质纤维素类热解得到的生物油热值 21 MJ/kg[11]。值得注意的是,药渣提取的生物油中氮含量较高,通常含量在 4%—6%之间,因此,直接燃烧利用还需考虑废气处理问题。

4 结论

4.1 三种工业生产抗生素的药渣水热液化可提取液体燃料生物油。在本实验条件下,反应温度为 300℃条件下,三种药渣的产油率均较高,尤其以吉他霉素产油率最佳。

4.2 在 300℃,无催化剂条件下,反应时间长短对于三种药渣的产率有显著影响,比较适宜的条件是反应时间持续 10 分钟左右,该条件下,三种药渣的产油率分别达到最高值,其中吉他霉素的产油率也是最高的,洁霉素次之,螺旋霉素相比于前二者略低。

4.3 在 300℃,无催化剂添加并且反应时间为 10 分钟情况下,固液比对三种药渣的产油率也有比较大影响,研究得出 1∶6 或 1∶7.5 的固液比更适宜。以实验的情况看,洁霉素在该固液比下的产油率要优于螺旋霉素。考虑到湿渣本身的含水量比较高,其固液比例关系基本在 1∶3.5—1∶4 之间,即可以得到理想的固液比。

4.4 综合而言,在同等情况下,吉他霉素的产油率高于洁霉素高于螺旋霉素,而此三种药渣的最大产油率(吉他霉素 33.4%[非最佳状态数据]、螺旋霉素 33.9%、洁霉素 35.4%)又显著高于其他如已经公布的浒苔（29.1%）[9]、水葫芦（22.8%）[12]等基于亚临界水热液化技术的最大产油率。

4.5 三种药渣液化得到的生物油是一个成分极为复杂的混合物，由酚类、酮类、醛类、醇类、烯烃、芳香烃、脂肪酸、脂肪酸甲酯以及一些含氮化合物组成，相对于浒苔、微藻和木质纤维素热解得到的生物油热值看，三种药渣具有较高能量密度，热值基本在31—32 MJ/kg。

由此看来，利用水热液化技术，在保护环境的同时也利于实现药渣废弃物的资源化利用。需说明的是，本法获得的生物油可直接作为锅炉燃烧用油，在进一步优化生物油提取工艺后，可能产生更多有价值的化学品，那时，其用途也将更广泛。因此，本法获得的生物油将具良好的深度开发前景。这也将是我进一步关注和接下来准备探究的方向。

参考资料

[1] 张正海.中国抗生素10年3大变化，产量出口量居世界第一.北京：中国医药报，2010-02-02.

[2] 李建政，汪群慧.废物资源化与生物能源.北京：化学工业出版社，2004：5-10.

[3] 钱伯章.生物质能技术与应用.北京：科学出版社，2010：172-180.

[4] 刘广青，董仁杰，李秀全.生物质能源转化技术.北京：化学工业出版社，2009：42-53.

[5] 钱伯章.可再生能源发展综述.北京：科学出版社，2010：1-27.

[6] 田宜水，等.秸秆能源化技术与工程.北京：人民邮电出版社，2010：138-163.

[7] 张士成，张良，周东，等.水葫芦水热液化制备液体燃料的方法.专利号：200910195815.分类号：C11B 1/04；C11B 1/10；C10L 1/02.申请人：复旦大学.专利类型：发明.

[8] 胡见波，杜泽学，闵恩泽，等.生物质水热液化机理研究进展.石油炼制与化工，2012，43(4)：87-92.

[9] Liang Zhang, Dong Zhou, Changjun Li, Shicheng Zhang. Oil Products Identification from Hydrothermal Liquefaction of Water Hyacinth. Bioresource Technology, 2011, submitted.

[10] Dong Zhou, Liang Zhang, Shicheng Zhang, Hongbo Fu, Jianmin Chen. Hydrothermal Liquefaction of Aquatic Plants to Bio-oils. The 5th International Green Energy Conference (IGEC - V), June 1 - 3, 2010, Waterloo, Canada.

[11] Amin Sarmidi. Review on biofuel oil and gas production processes from microalgae. *Energy Conversion and Management*, 2009, 50(7), 1834 - 1840.

[12] 张良,周东,张士成,陈建民.水葫芦低温水热液化试验.中国环境科学学会 2010 年学术年会优秀论文集.4565 - 4568.

（指导教师：杨士军、张士成）

注：本项目获得第 29 届(2014 年)上海市青少年科技创新大赛一等奖(环境科学),同时获得大赛设立的单项奖 6 个。